Judith Le Huray
Die Kellerschnüffler

AF216680

Judith Le Huray

Die
Kellerschnüffler

Hase und Igel®

Für Lehrkräfte gibt es zu diesem Buch
ausführliches Begleitmaterial beim Hase und Igel Verlag.

Ein besonderer Dank der Autorin
für die Unterstützung bei den Recherchen geht an:
Heiko Kunert, Blinden- und Sehbehindertenverein Hamburg e. V.
Nikolauspflege, Stuttgart
Blinden- und Sehbehindertenverband e. V. BaWü – Reutlingen-Tübingen

© 2014 Hase und Igel Verlag GmbH, München
www.hase-und-igel.de
Lektorat: Patrik Eis, Birgit Fürst
Illustrationen: Johann Brandstetter
Druck: Friedrich Pustet GmbH & Co. KG, Regensburg

ISBN: 978-3-86760-172-6
5. Auflage 2024

Inhalt

1. Kapitel
Auf der Rennbahn

Jeder Muskel ist angespannt. In voller Konzentration warten die sechs Rennfahrer auf das Startsignal.

„Los!", hallt es über die von der glühenden Sonne erhitzte Rennbahn. Reifen quietschen. Staub wirbelt auf. Fünf Rennmaschinen rasen los.

Tom Herder hat leichte Startschwierigkeiten, seine Gangschaltung verursacht Probleme. Doch er weiß, was zu tun ist. Mit wenigen Handgriffen hat er den Fehler behoben. In Windeseile hetzt er den anderen hinterher, lässt sich vom leichten Klappern seines Fahrzeugs nicht stören.

Der rundlich gebaute Michael Schmidt kämpft schwitzend und ächzend mit seinem glänzenden Silberflug. Tom Herder legt noch an Tempo zu, erreicht ihn und zieht an ihm vorbei.

Karo Müller und Moritz Zwerger bilden das Mittelfeld. Nein, Karo Müller gibt noch mehr Gas und überholt den klein gewachsenen Moritz Zwerger.

An der Spitze jagen Benni Fuchs mit seinem blauen Blitz und Charly Zwerger mit Feuerglut auf gleicher Höhe über den Asphalt. Unbeirrbar kämpfen sie um den Sieg. Charly Zwerger beißt die Zähne zusammen. Benni Fuchs beißt wie üblich in seinen Kaugummi. Beiden rinnt der Schweiß übers Gesicht.

Das Ziel ist nah. Da will sich ein drittes Fahrzeug nach vorne schieben: Quietschente mit Tom Herder am Lenker.

Charlotte Zwerger, bekannt unter dem Namen Charly, holt die letzten Reserven aus sich und ihrer roten Rennmaschine. Keuchend lässt sie die Verfolger hinter sich.

Nur noch wenige Meter bis zum Ziel. Endlich saust Charly zwischen den beiden Kastanienbäumen hindurch. „Sieg!", schreit sie dem blauen Himmel entgegen und streckt eine Faust in die Luft.

Zweiter ist Benjamin Fuchs, besser bekannt als Benni, nur knapp vor Tom Herder, der als Dritter scheppernd über die Ziellinie rauscht.

Karoline, genannt Karo, und „Zwerg" Moritz erreichen wenige Sekunden später das Ziel.

„Verflixt!", flucht Tom und lässt sein altes grünes Damenfahrrad auf die Wiese fallen. „Mit der ollen Gurke hab ich keine Chance. Der Drahtesel war schon klapprig, als meine große Schwester ihn vor zehn Jahren bekommen hat."

Endlich schnauft auch Michael mit seinem glänzenden 27-Gang-Trekkingrad durchs Ziel. Erschöpft zieht er seine Cola aus dem Flaschenhalter, trinkt einen Riesenschluck und schiebt einen Schokoriegel hinterher.

„Super Wetter", freut sich Karo, legt sich ins Gras und streckt ihr Gesicht der Sonne entgegen. „Gerade rechtzeitig zum Ferienbeginn. Hoffentlich bleibt es so, ich will ein bisschen braun werden."

„Pff! Mädchenkram", stichelt Charly. Ihr ist egal, wie sie aussieht. Hauptsache, man hält sie für einen Jungen. Dass ihre beste Freundin in letzter Zeit so auf ihr Äußeres achtet, findet sie reichlich affig.

Karo quasselt unbeirrt weiter: „Wir fliegen nämlich nur die letzte Ferienwoche nach Italien."

„Wir sind auch nur am Ende weg", sagt Moritz. „Charly und ich fahren eine Woche zu unserem Paps."

„Wir bleiben die ganzen Ferien da." Benni kramt einen neuen Kaugummi aus seiner Tasche. „Die Handwerker kommen, deshalb können meine Eltern nicht verreisen."

„Meine Oma und mein Opa machen nie Urlaub", sagt Michael. „Und mein Vater arbeitet ja noch ein halbes Jahr im Ausland."

Dass Tom nie wegfährt, wissen alle. Mit den fünf Kindern kann die Familie sich keine Urlaubsreisen leisten. „Cool, dass ihr alle da seid", freut er sich. „Und was machen wir in den Ferien?"

„Wir könnten öfter mal zum Blinkersee fahren", schlägt Benni vor. „Hab 'ne neue Taucherbrille, die würde ich gern mal testen."

Karo kichert. „Willst du auf Schatzsuche gehen? Vielleicht findest du ein paar alte Plastiktüten."

„Oder verlorene Badehosen", fügt Tom hinzu und lacht.

„Blinkersee klingt gut", findet Charly. Fürs Schwimmen ist sie immer zu haben. „Holen wir gleich unsere Badesachen?"

„Ich kann nicht", murrt Tom. „Muss auf meine kleine Nichte Lilly aufpassen. Nur weil meine Schwester was erledigen muss, darf ich mich den ganzen Nachmittag auf dem Spielplatz langweilen, bis ich anfang zu schimmeln." Er schaut in die Runde. „Oder kommt jemand mit?"

Michael nickt. „Ich bin dabei."

„Okay. Der See ist morgen auch noch da", meint Benni. „Wir können den armen Onkel Tom doch nicht im Stich lassen."

Das sehen alle ein.

Tom schaut auf die Uhr. „Ich muss los. Dann bis nachher auf dem Spielplatz." Eilig steigt er auf sein altersschwaches Vehikel. „Gut, dass ihr alle kommt. Ich muss was mit euch besprechen. Hab nämlich so eine Idee …"

„Was für eine Idee?", will Karo wissen.

„Sag ich nachher", antwortet Tom, tritt in die Pedale und fährt quietschend los.

„He, Alter, mach's nicht so spannend!", ruft Benni ihm nach.

Aber Tom rast scheppernd den Feldweg entlang Richtung Mieringen, ohne sich noch einmal umzudrehen.

2. Kapitel
Allerlei Spielerei

„Meine Schaufel!" Lilly heult wie eine Sirene beim Feueralarm und pfeffert einem kleinen Jungen namens Kevin eine volle Ladung Sand ins Gesicht. Jetzt fängt natürlich auch Kevin an zu plärren.

Tom stöhnt. „Lass ihn doch mit deiner Schaufel spielen. Vielleicht leiht er dir dann ja seinen Ball."

Doch kaum hat Tom nach dem Ball gegriffen, jammert Kevin: „Mein Ball!" Entschlossen grapscht er danach und lässt dafür die Schaufel fallen.

„Na, Onkel Tom, wie läuft's mit dem Babysitten?" Grinsend schlendert Karo zum Sandkasten.

Tom verdreht die Augen. „Das ist echt Stress mit so Windelpupsern", murrt er.

„Wollen wir zusammen ein paar Törtchen für die Prinzessin backen?", wendet Karo sich an die beiden Knirpse.

Kevin zieht seine verrotzte Nase hoch. „Und für Prinz", piepst er.

„Na klar", lacht Karo. „Der Prinz bekommt auch welche."

Während die Großbäckerei massenhaft Sandkuchen produziert, trudeln die anderen ein.

Benni lässt eine Kaugummiblase platzen. „Schieß los, Alter", wendet er sich an Tom. Der ist wirklich der Älteste von ihnen, er ist zwölf, fast 13. Wie Michael kommt er nach den Ferien in die siebte Klasse. Karo und Charly sind elf und kommen in die sechste, Benni und Moritz sind erst zehn. Man könnte Moritz aber beinahe für ein achtjähriges Mädchen halten. Er hat langes, dunkelblondes Haar und ist fast einen Kopf kleiner als Benni. Deshalb wird er von allen „Zwerg" genannt.

„Ja, Tom, erzähl", drängt auch Charly. „Was hast du für eine geheimnisvolle Idee? Willst du dich freiwillig bei allen gestressten Müttern von Mieringen als Babysitter melden?"

„Tock, tock!", macht Tom und tippt sich mit dem Zeigefinger an die Stirn. „Das ist doch Weiberkram."

„Wie bitte?", protestieren Charly und Karo im Chor.

Tom spürt förmlich die Blitze, die sie ihm mit ihren bösen Blicken entgegenschleudern. „Schon okay, war nicht so gemeint", brummt er. „Aber manchmal können die Hosenscheißer echt nerven."

„Zum Glück warst du nie einer", kommentiert Charly. „Du Wunderknabe bist gleich so groß zur Welt gekommen."

„Wenn ihr fertig seid, könnte Tom mal von seiner Idee erzählen", wirft Michael ein und schiebt den Rest seiner Eiswaffel in den Mund.

„Also …", beginnt Tom. „Ich hab mir gedacht, wir könnten eine Bande gründen. Wo wir doch jetzt Ferien haben und in den nächsten Wochen hier sind."

„Okay, Bande klingt gut", meint Benni. „Aber was soll die Bande machen? Und wie soll sie heißen?"

Tom zuckt mit den Schultern. „Keine Ahnung. Das wollte ich ja mit euch besprechen."

„Ich weiß!" Karo grinst. „Die Babysitter-Bande."

„Genau", antwortet Charly lachend. „Alle Hosenschei-ßer zu uns! Und Tom ist der Vorsitzende."

Mit fiesem Grinsen greift Tom in den Sand und zielt auf die Mädchen. Die bücken sich jedoch rechtzeitig.

Dafür ertönt wieder Sirene Lilly. „Mein Kuchen!", heult sie in voller Lautstärke. Sie gibt erst Entwarnung, als Tom ihr drei neue Prinzessinnentorten gebacken hat. Mit Steinchenkirschen obendrauf.

Michael lässt seinen Blick schweifen. An einem Jungen auf der anderen Straßenseite bleibt er hängen. Der Junge sitzt auf einem Gartenstuhl vor dem Haus und schaut in den Himmel. „Was ist denn das für einer?", wundert sich Michael.

„Der wohnt schon länger da", antwortet Benni. „Ist ziemlich komisch."

„Ja, ich hab den auch schon gesehen", stellt Tom fest. „Ich glaub, der ist nicht ganz richtig im Kopf."

„Der starrt die ganze Zeit nach oben", bemerkt Charly. „Was gibt's denn da zu sehen?"

„Ich sag doch ..." Tom bewegt eine Hand wie einen Scheibenwischer vor seinem Gesicht hin und her. „Der ist irgendwie bekloppt."

„Warum hat er einen Stock?", fragt Moritz. „Kann er nicht richtig laufen?"

„Doch, kann er. Ich hab mal gesehen, wie er zum Bäcker reingegangen ist", erzählt Benni. „Er hat überall seinen Stock gegengestoßen."

Michael schüttelt den Kopf. „Der ist wirklich nicht ganz dicht."

„Aber da kann er doch nichts dafür", wendet Moritz ein. „Vielleicht ist er krank."

„Ach, der Zwerg", stichelt Tom. „Du bist echt ein Mädchen. Am besten fängst du gleich wieder an zu heulen."

„Ich heul nicht!", wehrt sich Moritz. Obwohl er Tränen runterschlucken muss, weil Tom ihn wieder mal ärgert.

„Aber ein Weichei bist du trotzdem", lästert Michael und wirft Moritz einen abfälligen Blick zu.

„Lass meinen Bruder in Ruhe", geht Charly drohend dazwischen. „Sonst kriegst du es mit mir zu tun."

Michael weicht einen Schritt zurück. Er weiß, gegen Charlys Fäuste hätte er keine Chance. Trotzdem will er nicht klein beigeben. „Stimmt doch. Dein Bruder ist ein Feigling." Er überlegt. „Der würde sich nie trauen, dem Hirni da drüben den Stock zu klauen."

„Trau ich mich doch!", kreischt Moritz. Mit zusammengepressten Lippen stapft er über die Straße. „Hicks!" Dieser blöde Schluckauf! Den bekommt Moritz immer, wenn er Stress hat.

Direkt vor dem fremden Jungen bleibt er stehen. Der dreht seinen Kopf in Moritz' Richtung, schaut ihn aber nicht richtig an. Merkwürdige Augen hat er. „Hallo?", sagt der Junge. Wie eine Frage klingt es.

„Hallo", flüstert Moritz kaum vernehmbar zurück. Sein Hicksen dagegen ist garantiert bis zum Spielplatz zu hören. Mit hämmerndem Herz steht er da, sieht die graublauen Augen des Jungen, die suchend hin und her wandern. Und den Stock.

Opas Krücken sehen ganz anders aus. Die braucht er, seit er sich den Fuß gebrochen hat. Der Stock hier hat unten eine Kugel, etwa so groß wie ein Minigolfball. Wozu soll die gut sein?, wundert sich Moritz. Sein Nacken kitzelt, als würde er dort die ungeduldigen Blicke seiner Freunde spüren. Flink reißt er dem Jungen seinen weißen Stock aus der Hand.

„Was machst du da?", fragt der Junge erschrocken. „Nein, nicht, gib ihn zurück!"

Moritz kümmert sich nicht um den Jungen. Er will nicht, dass die anderen ihn Feigling nennen. Ohne nach rechts und links zu schauen, rennt er wieder über die Straße. Bremsen quietschen. „Kannst du nicht besser aufpassen?", schimpft ein Autofahrer. Auweia! Das war knapp!

Moritz rennt einfach weiter, saust auf den Spielplatz. „Hier!", sagt er und drückt Tom den Stock in die Hand. Dann lässt er sich zitternd in den Sandkasten fallen.

Michael zeigt auf die andere Seite. „Schaut mal, wie belämmert der da drüben guckt."

„Gleich fängt er an zu heulen", meint Benni grinsend.

„He, mal sehen, ob der auch so ein Mädchen ist." Tom geht über die Straße, die anderen hinterher. Nur Moritz bleibt im Sandkasten sitzen und wischt sich heimlich eine Träne aus dem Auge.

„Hol dir doch deinen Stock, wenn du ihn wiederhaben willst!", ruft Tom dem Jungen zu.

„Gib her!", fordert der Junge. Wild fuchtelt er mit den Händen durch die Luft, bleibt aber auf seinem Stuhl sitzen.

Tom stupst ihn mit dem Stockgriff gegen die Beine, in den Bauch, gegen die Brust und grölt dabei: „Hol ihn dir doch, du Feigling!"

Während Tom den Jungen piesackt, kommt Michael von der Seite. „Brauchst du die Kappe, damit dir die Sonne nicht dein Strohgehirn verbrennt?" Johlend reißt er ihm die rote Schirmmütze vom Kopf.

„Hört auf! Ihr seid total fies!" Jetzt fängt der Junge tatsächlich an zu weinen.

„Noch so 'ne Heulsuse", lästert Tom.

„Heulsuse, Heulsuse!", beginnt Benni mit einem Spottgesang. Charly und Karo stimmen mit ein.

„Was ist denn hier los?", hört man plötzlich eine empörte Frauenstimme von oben.

„Wir spielen nur ein bisschen", antwortet Tom der Frau am Fenster. Den Stock lässt er einfach fallen. Und Michael pfeffert dem Jungen die Kappe vor die Füße.

Schnell sausen sie zurück zum Spielplatz. Auf Ärger mit der Frau haben sie keine Lust an diesem schönen Sommertag.

Vom Sandkasten aus beobachten sie den Jungen. Er ist endlich mal von seinem Stuhl aufgestanden, setzt seine Kappe auf und wischt sich mit dem Arm über die verheulten Augen. Dann tastet er den Boden ab.

„Was macht der da?", wundert sich Benni.

„Hab ich's nicht gesagt? Der ist nicht ganz dicht", meint Tom wieder.

Die Hände des merkwürdigen Jungen haben den Stock am Boden ertastet. Schnell greift er danach, schlenkert ihn auf dem Gehweg herum, knallt damit gegen den Stuhl, fingert ihn ab und setzt sich wieder drauf.

„Vielleicht kann er nicht gut sehen", überlegt Moritz.

„Ach, der Zwerg wieder", winkt Michael ab. „Kannst ja mit ihm flennen gehen."

„Hör auf!", schreit Moritz. Wütend verpasst er Michael einen Tritt ans Schienbein. Der will sich auf Moritz stürzen. Aber da wird er schon von Charly in den Sand geworfen.

„Meine Kuchen!", heult Sirene Lilly. Jetzt wird sie sogar von Kevin unterstützt.

Michael hat die komplette Bäckerei plattgemacht. Alle müssen helfen, damit Prinz und Prinzessin wieder Kuchen essen können. Vor lauter Arbeit haben sie gar keine Zeit mehr, sich um den Jungen von gegenüber Gedanken zu machen.

„Was ist nun mit der Bande?", fragt Tom, während er eine zweistöckige Festtorte backt.

„Wir sind die gefährliche Bande der Sandkuchenvernichter", krächzt Benni. Mit grimmigem Gesicht patscht er mit der Schaufel auf die schönen Torten.

Laut hallt die Sirene durch Mieringen. Ein Feuerwehrmann schreckt aus seinem Mittagsschlaf hoch und steigt in seine Uniform. Kurz darauf ist der schrill heulende Ton verstummt. Der Feuerwehrmann stutzt. Woher soll er wissen, dass die Sirene inzwischen vergnügt auf der Schaukel sitzt?

3. Kapitel
Unfall mit Folgen

Auch am nächsten Tag verbreitet die Sonne eine Hitze wie ein riesiger Grill. Abkühlung im Blinkersee ist jetzt genau das Richtige.

Sechs Fahrräder stehen in Startposition, bepackt mit Schwimmzeug, Liegetüchern und lebenswichtiger Verpflegung wie Limo, Knabberzeug und Gummibärchen.

„Wer zuerst auf unserer Wiese ist", bestimmt Tom. „Auf die Plätze, fertig, los!"

Zu sechst rasen sie über die Roststraße und biegen fast ungebremst rechts ab in die Talerstraße.

Benni liegt an der Spitze. Plötzlich saust ihm eine Mücke ins rechte Auge. „Mist!", flucht er, verlangsamt sein Tempo, blinzelt und reibt an seinem Lid. Mit einem Affenzahn rasen seine Gegner an ihm vorbei. Benni tritt verbissen in die Pedale, um sie einzuholen. Während des Radelns versucht er, die blöde Mücke loszuwerden.

Die anderen düsen bereits am Spielplatz vorüber, sogar Michael liegt mindestens hundert Meter vor Benni. Nein, gegen ihn zu verlieren geht gar nicht! Trotz tränendem Auge legt Benni einen Zahn zu. Er rast über die Talerstraße, als wäre er ein Radrennfahrer bei der Tour de France. „Dieses blöde Mistvieh!" Benni kneift die Augen zusammen und rubbelt wie wild … Rums! Wusch! – „Aua!"

Das muss der Bordstein gewesen sein. Die Flugphase war kurz, der Aufprall heftig.

Stöhnend liegt Benni auf der Straße, alle viere von sich gestreckt. Er kann sich nicht bewegen. Sein Kopf schmerzt. Und das rechte Knie. Und der Bauch.

Er hört, dass sich ein Auto nähert. Hoffentlich sieht ihn der Fahrer und hilft ihm. Vor allem: Hoffentlich rast er nicht über ihn drüber und macht Schnitzel aus ihm!

Die Straße ist heiß und stinkt. Benni hebt den Kopf. Die Welt dreht sich. Viel zu schnell. Außerdem tränt sein rechtes Auge. Laut stöhnend lässt er den Kopf wieder sinken. Wenn er noch lange hier liegt, wird er bald gut durchgebraten sein. Ein gegrilltes Schnitzel.

Ein Glück, das Auto ist abgebogen. Stattdessen dringt ein merkwürdig schleifendes und klackendes Geräusch an Bennis Ohr. Gleich darauf eine Stimme: „Benni! Hast du dir wehgetan? Soll ich einen Krankenwagen rufen?" Die Stimme scheint zu einem Jungen zu gehören.

„Nö", brummt Benni. Vorsichtig hebt er den Kopf. Immerhin ist ihm nicht mehr so schwindlig. Und die Tränen haben endlich die Killerfliege aus dem Auge gespült.

Benni erkennt den merkwürdigen Jungen mit dem Stock. Er kniet neben ihm und tastet ihn ab. „Benni, du solltest nicht hier liegen bleiben", meint der Junge. „Auf der Straße ist es viel zu gefährlich."

„Super Tipp." Darauf wäre Benni auch noch selber gekommen. Langsam und vorsichtig versucht er, sich aufzurappeln.

„Bist du vom Fahrrad gefallen?", fragt der Junge.

„Siehst du doch", brummt Benni.

„Nein, leider nicht."

„Hä?" Benni schaut dem Jungen ins Gesicht. Der aber starrt mal wieder zum Himmel. So sieht er natürlich nicht, was hier unten abgeht. Tom hat recht, der hat sie nicht alle, denkt Benni. Aber eines würde ihn schon interessieren: „Woher weißt du eigentlich meinen Namen?"

Der Junge lacht. „Ich hab Ohren zum Hören. Zwar weiß ich nicht, wie ihr ausseht, aber ich weiß genau, wie ihr euch anhört."

Echt gaga, denkt Benni, sagt aber nichts.

„Ich kenne euch alle", macht der Junge weiter. „Tom, Charly, Karo, Zwerg, Michael und dich, Benni. Übrigens: Ich heiße Samuel. Und ich bin blind."

„Hä?" Mehr fällt Benni im Moment nicht ein. Erschrocken starrt er Samuel an. „Du bist echt blind?"

„Ja, schon seit sechs Jahren", antwortet Samuel. „Jetzt bin ich elf. Komm, ich stütz dich. Du musst aufstehen." Er reicht Benni seinen Arm.

Benni greift danach und drückt sich mit der linken Hand hoch. „Meine andere Hand blutet. Und mein rechtes Knie", sagt er stöhnend. Die Wunden sind verdreckt, das Blut läuft ihm schon in die Sandalen.

„Am besten kommst du mit zu mir, ich wohne gleich gegenüber", sagt Samuel. „Meine Mutter ist Arzthelferin, die kennt sich mit so was aus."

Eine Frau mit einem kleinen Jungen kommt vom Spielplatz. „Ist was passiert?", fragt sie und schaut auf Bennis Knie. „Bist du gestürzt? Kann ich dir helfen?"

Benni überlegt. Soll er mit der Frau gehen oder mit dem merkwürdigen Jungen? Dann sagt er: „Danke, geht schon. Aber … vielleicht könnten Sie mein Fahrrad an der Seite abstellen. Und abschließen. Die Nummer ist 6679."

„Na klar", sagt sie und holt Bennis blaues Mountainbike von der Straße.

Von Samuel gestützt humpelt Benni weiter. Das fühlt sich für ihn total verrückt an. Ein behinderter Junge hilft ihm über die Straße!

Samuel schwenkt den weißen Stock hin und her. Na klar, geht Benni ein Licht auf, das ist ein Blindenstock! Dass sie nicht früher darauf gekommen sind …

Jetzt stößt Samuel mit der Kugel am unteren Stockende an die Bordsteinkante. „Stufe!", sagt er, obwohl Benni den Bordstein ja sehen kann.

Benni grübelt. „Woher hast du gewusst, dass ich gestürzt bin?", fragt er.

„Ich hab es gehört. Es hat geknallt, dann hab ich ein Scheppern gehört, dann deinen Schrei."

„Warum ist die Frau nicht eher gekommen?", wundert sich Benni. „Die war doch gleich nebenan auf dem Spielplatz."

„Vielleicht weil sie ihre Umgebung eher mit den Augen beobachtet", sagt Samuel. „Ich muss mit den Ohren und den Händen sehen. Manchmal erkennt man damit mehr."

Darüber muss Benni nachdenken. Aber ein andermal, wenn die Schmerzen vorüber sind.

Den Weg von dem kleinen Vorgarten ins Haus findet Samuel schon beinahe ohne Stock. „Mama, Benni ist vom Fahrrad gestürzt", erklärt er.

Samuels Mutter erfasst sofort, was zu tun ist. „Guten Tag, Benni. Ich bin Martina Frey. Setz dich mal da hin", sagt sie und deutet auf einen Stuhl im Esszimmer.

Gekonnt säubert Samuels Mutter die Wunden, dann legt sie einen Verband um Hand und Knie. Auf die verschrammte Stirn klebt sie ein Pflaster. „Hast du sonst noch Schmerzen?", fragt sie.

„Ein bisschen am Bauch", sagt Benni und hebt sein T-Shirt ein Stück hoch. Da ist ein roter Fleck zu sehen. „Ist aber schon besser."

Frau Frey tastet seinen Bauch ab. „Hm, nach inneren Blutungen sieht es nicht aus. Aber wenn es in ein paar Tagen noch wehtut, sollte mal ein Arzt draufschauen."

„Okay. Danke. Ich geh dann mal wieder", sagt Benni.

„Willst du nicht noch mit uns Vanilleeis mit frischen Himbeeren essen?", fragt Frau Frey. „Auf den Schreck kannst du sicher eine Stärkung vertragen."

„Und ich kann dir mein Zimmer zeigen", schlägt Samuel vor. „Und Frodo."

„Den kleinen Hobbit?", wundert sich Benni. Das ist nämlich die Hauptfigur aus einem seiner Lieblingsbücher.

Samuel lacht. „Nein, meinen Hund."

„Also gut", sagt Benni. Er fühlt sich wirklich noch sehr schwach und sein Knie schmerzt. Eis mit Himbeeren passt da wunderbar. Und ein wenig neugierig auf das Zimmer des blinden Jungen ist er auch.

Eigentlich ist Samuel gar nicht merkwürdig. Sogar ziemlich nett. Und hilfsbereit. Obwohl sie gestern so fies zu ihm waren. Wie sie ihn gepiesackt haben, das war unglaublich feige. Benni wird ein bisschen rot, als er daran denkt.

„Möchtest du Sahne zu deinem Eis?", reißt Frau Frey ihn aus seinen Gedanken.

Benni nickt. Hoffentlich hat sie ihn gestern nicht gesehen, als sie aus dem Fenster geschaut hat. Richtig peinlich ist es ihm jetzt.

Frau Frey geht in die Küche und schlägt Sahne. Der Mixer macht einen heftigen Lärm.

„Entschuldigung wegen gestern", nuschelt Benni verlegen. „War echt fies von uns." Ziemlich leise sagt er das.

Samuel grinst.

Da weiß Benni, dass er ihn verstanden hat.

4. Kapitel
Ohne Licht sieht man nicht

Kaum ist der Mixer verstummt, sagt Samuel: „Papa kommt." Kurz darauf öffnet jemand die Haustür.

„Wuff!", klingt es vom Eingang.

„Wie bitte? Dein Vater bellt?", witzelt Benni.

„Nur manchmal", antwortet Samuel grinsend.

Fröhlich stürmt ein Hund ins Zimmer. Er hat halblanges, hellbraunes Fell und eine weiße Brust. Und er tropft.

Samuels Vater eilt ihm mit einem Handtuch hinterher. „Vorsicht, Frodo ist pitschnass, ich muss ihn noch abtrock…"

Zu spät. Frodo schüttelt sich kräftig. Wassertropfen spritzen durchs Esszimmer wie von einem Springbrunnen.

„He, du Ferkel!", schimpft Samuel lachend. „Ich hab schon geduscht!"

Bevor Herr Frey dem Hund eine Abreibung mit dem Handtuch verpassen kann, hat Frodo schon seine nassen Vorderpfoten auf Samuels Schoß abgelegt. Eine davon ist weiß, als hätte er ein Söckchen an.

„Hallo, du Wassermonster", sagt Samuel, knuddelt den Hund und vergräbt kurz den Kopf im Fell seines vierbeinigen Freundes. Richtig glücklich sieht er jetzt aus. „Du warst wohl im Bach."

„Ja, bei dem schönen Wetter muss er natürlich baden", sagt Herr Frey schmunzelnd und rubbelt endlich Frodos

Pfoten und seinen Bauch halbwegs mit dem Handtuch trocken.

„Ist das dein Blindenhund?", fragt Benni.

Samuel lacht. „Nein, als Führhund ist Frodo nicht zu gebrauchen. Er ist nur mein Schmusehund."

Frau Frey trägt ein Tablett mit vier Eisbechern herein. „Du kommst genau richtig", sagt sie zu ihrem Mann.

Herr Frey schaut auf das Eis mit den Himbeeren und leckt sich die Lippen. „Das sehe ich auch so." Als er sich an den Tisch setzt, wendet er sich an Benni. „Dich kenne ich noch gar nicht. Bist du ein Freund von Samuel?"

Benni schüttelt den Kopf. Weil ihm das peinliche Verhalten von gestern wieder einfällt, bekommt er ganz heiße Ohren. „Ich bin vom Fahrrad gestürzt und Samuel hat mir geholfen."

„Und Mama hat ihn verarztet", fügt Samuel hinzu.

Wie zum Beweis hebt Benni seine verbundene Hand.

„Hui, da wollte der Fahrer wohl schneller sein als sein Rad", meint Herr Frey zwinkernd.

Während sie Eis essen, weicht Frodo nicht von Samuels Seite. Er scheint sein Herrchen sehr zu lieben. Und Sahne. Einmal tippt Samuel nämlich mit dem Finger hinein und lässt seinen Hund abschlecken.

„Komm, jetzt zeig ich dir mein Zimmer", sagt Samuel zu Benni, nachdem alles aufgefuttert ist. Als er vorausgeht, tastet er immer mal wieder an einen Schrank oder die Wand, aber es fällt kaum auf, dass er nichts sehen kann. „Komm rein", sagt er, schiebt Benni in einen Raum und schließt die Tür.

Benni bleibt wie angewurzelt stehen. Es ist stockfinster. Noch viel dunkler als in seinem eigenen Zimmer in einer mondlosen Nacht. Er sieht absolut nichts. Hat Samuel keine Lampe? Weil er sie nicht braucht? Und warum gibt es kein Fenster?

„Hier ist mein Bett, da mein Schreibtisch und da drüben mein Kleiderschrank", quasselt Samuel in die Dunkelheit hinein. „In dem Regal sind meine CDs. Schau mal, das Krimihörspiel hab ich neu bekommen. Magst du Krimis?"

„Ähm, ja", krächzt Benni verwirrt. Es ist, als hätte man ihm etwas sehr Wichtiges gestohlen: seine Augen. So also „sieht" Samuel. Immer. Jeden Tag. Nämlich absolut nichts. Wie kann man das aushalten? Wie kann man so leben? Wie kann man sich orientieren?

Benni spürt, wie sein Herz klopft und sich sein Hals zuschnürt. Er fühlt sich fürchterlich unwohl, traut sich keinen einzigen Schritt zu machen.

„Schau, den hab ich zum Geburtstag bekommen", erzählt Samuel weiter. „Sieht süß aus, oder? Wie Frodo."

„Ich …" Benni räuspert sich. „Ich seh nix."

„Na da!", klingt Samuels Stimme aus dem tiefen Schwarz heraus.

„Aber … hier drin ist es stockdunkel", erklärt Benni. „Gibt's bei dir kein Licht?"

„Ach so." Samuel lacht. „Stimmt, meine Mutter hat das Rollo runtergelassen. Wegen der Hitze." Er zieht den Rollladen ein Stück hoch. Ein schwacher Lichtschein dringt durch die Ritzen. „Geht's so?"

„Ein bisschen weiter noch", antwortet Benni. Endlich sind seine Augen wieder zu etwas nutze. Er atmet erleichtert auf und schiebt sich einen Kaugummi in den Mund. Neugierig schaut er sich im Zimmer um.

Samuel hat einen Plüschhund in der Hand. Wie Frodo, nur viel kleiner und mit vollkommen anderen Farben. Aber die sind dem blinden Jungen natürlich egal.

Der Raum sieht aus wie ein ganz normales Kinderzimmer. Ein bisschen ordentlicher als das von Benni und ohne Poster an den Wänden. Stattdessen hängen da ein kleiner Wandteppich aus unterschiedlicher Wolle und eine Collage aus Steinen, Muscheln, Holz und anderen Materialien. Ansonsten gibt es jede Menge Regale, vollgestopft mit Plüschtieren, Legobauwerken, CDs und einigen merkwürdigen, riesigen Büchern. Unter dem Hochbett ist eine Matratze, die zum Hinlümmeln einlädt, und in einer Ecke steht ein Schreibtisch.

Benni stutzt. „Ist das dein Notebook?"

„Ja, klar", antwortet Samuel begeistert. „Super Teil! Aber verdammt teuer. Zum Glück hat die Krankenkasse das meiste bezahlt."

„Aber wie geht das am Computer, wenn du nichts siehst?", wundert sich Benni. „Und wieso zahlt dir die Krankenkasse einen PC?"

„Für uns Blinde ist der Computer noch viel wichtiger als für euch Sehende", erklärt Samuel. „Damit wir normal lernen und schreiben und uns über alles informieren können. Ich will ja schließlich nicht Schuhputzer werden, sondern Tontechniker."

„Echt? Aber … ich kapier trotzdem nicht, wie das gehen soll, wenn du nicht sehen kannst."

Samuel startet sein Notebook. „Schau, ich zeig's dir."

Kurz darauf erlebt Benni, wie eine ziemlich monotone Stimme eine Internetseite vorliest. „Das ist die Sprachausgabe", erklärt der blinde Junge.

Benni zieht die Stirn in Falten. „Das verstehst du? Der quasselt ja im Rekordtempo."

Samuel lacht. „Die Geschwindigkeit kann ich einstellen. Ich hab inzwischen Übung."

„Und was ist das für ein komisches Teil?", fragt Benni. Er deutet auf einen länglichen Kasten, der direkt vor dem Laptop liegt. „Wozu sind die Tasten? Und diese kleinen Nadeln?"

„Das ist die Braillezeile", erklärt Samuel. „Sie übersetzt mir Bildschirmtexte in Blindenschrift. Damit kann ich abtasten, was da geschrieben steht."

Benni ist beeindruckt, wie gut Samuel damit lesen kann. „Kriegst du manchmal E-Mails?", will er wissen.

„Klar. Ich hab sogar einen Freund in der Schweiz, mit dem tausche ich oft Geräusche. Er macht nämlich auch Hörspiele, wie ich."

„Du machst selbst Hörspiele?" Benni kommt aus dem Staunen nicht heraus.

„Ja, ist mein Hobby. Weil ich doch Tontechniker werden will", erinnert Samuel ihn. „Ich bastle gerade an einem Krimi. Wenn er fertig ist, kannst du ihn dir ja mal anhören."

„Klasse! Ich hör gern Krimis. Hab auch ein paar auf CD", sagt Benni.

„Dann können wir ja mal tauschen", schlägt Samuel begeistert vor.

„Das wäre super!" Da bleibt Bennis Blick an den riesigen Büchern hängen. „Harry Potter. Sag mal, sind die Bücher in Blindenschrift?"

„Ja", antwortet Samuel. „Das ist der zweite Band." Er holt einen der riesigen Schmöker aus dem Regal und zeigt, wie er mithilfe der Punktmuster lesen kann. In normaler Schrift ist es ja schon ein fetter Schinken, aber in Blindenschrift sind es sogar vier riesige Bände. Kein Wunder, denn die Seiten sind sehr dick, damit man die Punkte fühlen kann. Und die Buchstaben, die aus bis zu sechs Punkten bestehen, sind natürlich viel größer als in normalen Büchern.

„Ich glaub, deine Freunde suchen dich", meint Samuel. „Und außerdem gibt's gleich ein Gewitter."

„Beeeniii!", ruft jemand draußen.

Jetzt hat Benni es auch gehört. „Klar, die haben sich bestimmt gewundert, warum ich nicht zum See gekommen bin." Auch mit dem Gewitter hat Samuel recht. Draußen rumpelt es, als würde jemand am Himmel riesige Schränke verrücken.

„Kommst du morgen wieder?", fragt Samuel leise.

Benni überlegt kurz. „Okay." Er schaut auf seinen Verband. „Schwimmen ist morgen sowieso noch nicht drin." Er sucht sich noch schnell ein Krimihörspiel aus Samuels riesiger Sammlung aus, dann macht er sich auf den Weg. „Ciao, bis morgen dann. Und danke!"

Bedrohliche schwarze Wolken stehen am Himmel, der Wind fegt zwischen den Häusern durch. Am Spielplatz stehen die Fahrräder der anderen. Karo fängt gerade wieder an zu rufen: „Beee…!" Da entdeckt sie ihn, wie er über die Straße humpelt, mit Verband an Hand und Knie. „Was ist denn mit dir passiert?"

„Bin vom Fahrrad gestürzt. Samuel und seine Mutter haben mir geholfen."

Jetzt haben auch die anderen Benni entdeckt. „Samuel? Wer soll das sein?", fragt Michael.

„Der Junge von gegenüber", erklärt Benni. „Der mit dem weißen Stock."

„Der Hirni?" Tom macht wieder den Scheibenwischer vor seinem Kopf. „Von dem lässt du dir helfen?"

„Er ist kein Hirni", stellt Benni lautstark klar. „Er ist blind."

„Blind?", wiederholen die anderen beinahe gleichzeitig. Danach gibt es einige betroffene Schweigesekunden.

„Na und?", durchbricht Michael die Stille. „Der hat sie trotzdem nicht alle."

„Halt's Maul!", schreit Benni ihn an. Er will die Fäuste ballen, doch seine rechte Hand wehrt sich schmerzhaft dagegen. Eigentlich will er noch etwas sagen, aber das drohende Getöse eines Donners lässt ihn verstummen.

Fette Tropfen fallen vom Himmel. Die Kinder schnappen sich ihre Räder. „Bis dann!", rufen sie sich zu und machen sich eilig aus dem Staub, bevor die Wolken endgültig die Schleusen öffnen.

5. Kapitel
Zu zweit ist doppelt gut

Am nächsten Tag ist es etwas kühler, immer wieder schieben sich graue Wolken vor die Sonne. Also kein Badewetter. Außerdem haben Bennis Freunde alle etwas vor. Sie müssen einkaufen, Opa besuchen, Dachboden aufräumen helfen und wer-weiß-was-noch-alles. Benni ist das egal, mit seinen Wunden könnte er heute ohnehin nicht schwimmen. Schon das Duschen gestern war schwierig. Seine Ma hat ihm Plastiktüten um die Verbände gemacht, damit sie nicht aufweichten. Natürlich war sie ziemlich erschrocken, als Benni plötzlich verletzt vor der Haustür stand. Ein bisschen geschimpft hat sie auch, dass er mit dem Fahrrad nicht so rasen soll. Dabei war doch die blöde Monstermücke an dem Unfall schuld gewesen.

Die CD von Samuel hat Benni gleich am Morgen angehört. Echt spannend!

Nach dem Mittagessen sucht er einige Krimihörspiele zusammen und geht damit zu Samuel. Gerade als er klingeln will, kommt Frau Frey mit dem Abfalleimer aus dem Haus. „Ah, Benni. Wie geht's deinen Verletzungen?"

„Gut. Tut kaum noch weh. – Ist Samuel da?"

„Ja, geh rein, er ist in seinem Zimmer." Frau Frey lächelt. „Schön, dass du ihn besuchen kommst."

Die Tür zu Samuels Zimmer ist geschlossen. Benni klopft. Niemand antwortet. Vorsichtig öffnet er die Tür. Er sieht Samuel auf der Matratze lümmeln, mit geschlossenen Augen, Kopfhörern auf den Ohren und Frodos Kopf auf dem Schoß.

Der Hund springt auf und eilt schwanzwedelnd auf Benni zu.

Samuel nimmt den Kopfhörer ab. „Mama?"

„Nein, ich bin's", antwortet Benni. „Ich hab ein paar CDs dabei."

„Cool!", freut sich Samuel. „Die hier ist auch klasse. Hör mal rein." Benni setzt sich auf die Matratze. Frodo quetscht sich zwischen die Jungen und lässt sich von beiden Seiten kraulen. Richtig gemütlich ist das, viel besser, als alleine einer Geschichte zu lauschen. Benni staunt, wie viele Geräusche es in dem Hörspiel gibt. Manche würden ihm gar nicht auffallen, wenn Samuel ihn nicht darauf aufmerksam machen würde.

Auf einmal wird Frodo unruhig, läuft zur Tür und wieder zurück.

„Er muss mal", erklärt Samuel die Hundesprache. „Ich frag meine Mutter, ob sie mit ihm rausgeht."

„Das können wir doch auch machen, oder?", schlägt Benni vor.

Samuel macht ein verlegenes Gesicht. „Hm, na ja, also … ich kann nur, wenn mich jemand führt."

„Na und? Dann führ ich dich eben", sagt Benni. „Ist doch nicht so schwer, oder?"

„Nein, nicht schwer", antwortet Samuel mit strahlendem Gesicht. „Mama, wir gehen mal mit Frodo raus!", ruft er quer über den Flur.

Frau Frey kommt aus der Küche. „Ihr wollt Gassi gehen? Schafft ihr das allein?"

„Klar, wir kriegen das schon hin", ist Samuel überzeugt. An der Garderobe tastet er nach der Hundeleine und geht in die Hocke. „Frodo, hier!", ruft er.

Der Hund setzt sich brav vor sein Herrchen und wartet, bis er angeleint ist. Dabei fegt er mit seinem buschigen Schwanz den Boden.

„Du hast deinen Blindenstock vergessen", fällt Benni an der Gartentür auf.

„Nein, der muss hierbleiben. Hund und Langstock in einer Hand, das geht nicht", sagt Samuel. „Sollen wir zum Wäldchen gehen?"

„Okay", meint Benni dann. „Und wie muss ich dich führen?"

„Ich halte mich an deinem Arm fest, dann spüre ich, wohin du gehst", erklärt Samuel. „Du musst aber für mich mit aufpassen, damit ich an kein Hindernis stoße."

„Kein Problem", meint Benni und geht los.

Samuel legt die linke Hand um Bennis Ellenbogen, mit der rechten hält er Frodos Leine.

An der Straße hält Benni an. „Runter", sagt er. Es klappt gar nicht schlecht. Auf der anderen Seite bleibt er wieder stehen, sagt „hoch" und geht weiter, nachdem Samuel die Stufe genommen hat.

Mit der Zeit funktioniert es immer besser und Benni merkt schnell, dass er bei Gehwegen gar nicht lang stoppen und die Stufe ansagen muss. Irgendwann vergisst er sogar, dass Samuel nichts sieht. Sie quasseln über Hörspiele und Bücher. Dabei stellen sie fest, dass *Der kleine Hobbit* zu ihren Lieblingsgeschichten gehört, und sie erzählen sich gegenseitig die Szenen, die sie am spannendsten finden. Erst als Samuel beinahe auf der Nase landet, fällt Benni wieder ein, dass sein neuer Freund nicht sehen kann.

„Hey, ich wollte nicht den Fußboden knutschen", motzt Samuel, rappelt sich auf und klopft Steinchen von Händen und Knien.

„Ups! Sorry!", entschuldigt sich Benni und starrt auf den Fahrradständer, über den Samuel gestolpert ist. Grinsend fügt er hinzu: „Falls du einen Verband brauchst, kenne ich da eine gute Arzthelferin …"

„Wenn du frech wirst, kannst du sie gleich wieder besuchen", droht Samuel im Spaß. Blitzschnell nimmt er Benni in den Schwitzkasten. „Autsch, was ist das auf deinem Kopf? Plastikstacheln?"

„Das sind meine Haare, mit extra starkem Gel. Und wenn mich einer blöd anmacht, brauch ich mich nur mit dem Kopf auf ihn zu stürzen." Benni versucht, sich zu befreien.

„Na gut, ich lass dich freiwillig los", sagt Samuel grinsend. „Will mich ja nicht an Kleinen und Schwachen vergreifen."

Benni verpasst ihm einen leichten Boxhieb in den Magen. Lachend gehen sie weiter.

„Wir sind da", sagt Samuel, als sie beim Wäldchen ankommen. „Ich kann die Erde und die Blätter schon riechen. Horch mal! Der Eichelhäher warnt die anderen Vögel vor uns."

„Wer?" Benni versteht kein Wort.

„Hörst du ihn denn nicht?", wundert sich Samuel. „Er schimpft und krächzt. Muss irgendwo dort oben sitzen, ein ziemlich großer brauner Vogel mit Muster in blau, schwarz und weiß."

Benni sucht in der Richtung, die Samuel ihm zeigt. Tatsächlich findet er einen Vogel, der zu der Beschreibung passt und laute Warnrufe ausstößt.

Während Frodo dringende Geschäfte erledigt und schnuppernd aktuelle Hundenachrichten liest, zeigt Samuel seinem neuen Freund noch einen Buntspecht und ein Rotkehlchen. Außerdem riecht er, wo leckere Himbeeren zu finden sind.

Benni staunt. Der blinde Junge scheint mehr zu sehen als er mit seinen gut funktionierenden Augen! Wie Samuel seine Umwelt erlebt, kann Benni sich aber kaum vorstellen. „Weißt du denn, wie alles aussieht?", fragt er.

„Natürlich nicht alles", antwortet Samuel. „Aber vieles so ungefähr. Ich hab ja gesehen, bis ich fünf Jahre alt war. Dann hatte ich den Tumor und seit der Operation sehe ich gar nichts mehr. Noch nicht mal schwarz, sondern überhaupt nichts. Aber ich kann mich an Farben und Bäume und Vögel noch gut erinnern. Auch wie Frodo und meine Eltern aussehen, weiß ich noch. Obwohl …" Er grinst. „Meine Eltern werden in meinem Kopf nie älter. Ich hab ihre Gesichter immer noch so vor mir, wie sie vor sechs Jahren ausgesehen haben."

„Logisch. Für dich bleiben sie sogar noch jung, wenn sie uralt und knittrig sind." Benni überlegt. „Wie ist das, wenn du etwas noch nie gesehen hast? Bekommst du dann ein Bild im Kopf?"

„Ja, klar. Das hast du auch. Wenn du ein Buch liest zum Beispiel, dann stellst du dir das alles vor. Genau so ist es bei mir, wenn mir jemand etwas beschreibt", erklärt

Samuel. „Deshalb habe ich auch ein Bild von Mieringen in meinem Kopf, obwohl es hier wahrscheinlich ganz anders aussieht."

„Und was meinst du, wie sehe ich aus?", fragt Benni.

„Hm. Du bist nur ein bisschen kleiner als ich, ziemlich dünn. Deine Haare sind blonde Killerstacheln und die Augen blau."

Benni lacht. „Größe und Figur sind richtig. Aber meine Killerstacheln sind dunkelbraun und die Augen auch."

Auf einmal kommt Frodo mit einem Fichtenzapfen im Maul angesaust, setzt sich vor sie hin und putzt mit dem Schwanz den Waldboden. „Was will dein Hund?", fragt Benni. „Will er uns einen Fichtenzapfen schenken?"

„Quatsch", lacht Samuel. „Wir sollen ihn werfen."

Benni klatscht sich an die Stirn. „Logisch!" Er nimmt Frodo den Zapfen aus dem Maul und schmeißt ihn, so weit er kann. Der Hund saust hinterher, kämpft damit und schüttelt ihn. Benni lacht sich halb kaputt.

„Was ist los?", fragt Samuel. „Erzähl! Ich will auch lachen!"

Benni erinnert sich, wie sie im Urlaub mal ein Fußballspiel im Radio gehört haben, weil sie keinen Fernsehempfang hatten. Sie konnten sich alles prima vorstellen. Deshalb spielt er jetzt den Live-Reporter: „Frodo bringt den Fichtenzapfen zurück, wartet auf seinen neuen Einsatz. Benni wirft. Ja! Volle Kanne in die matschige Pfütze! Frodo stürzt sich unbeirrt in die Fluten, holt das Wurfgeschoss heraus, kämpft todesmutig damit und schüttelt es, bis es keinen Mucks mehr von sich gibt. Mit geschwellter Brust, dreckigen Pfoten und wedelndem Schwanz bringt der mutige Sieger den Fichtenzapfen zu seinem Herrn. Hechelnd blickt er auf seinen Gebieter, in freudiger Erwartung auf eine Belohnung für die tapferen Dienste."

Jetzt lacht Samuel sich kringelig und tauscht den matschigen Fichtenzapfen gegen ein Leckerli. „So, Frodo, jetzt müssen wir aber wieder nach Hause", sagt er, streicht liebevoll über den Kopf seines vierbeinigen Freundes und leint ihn wieder an.

„Wie lange wohnst du eigentlich schon hier?", fragt Benni auf dem Rückweg.

„Über fünf Jahre. Wir haben früher an einer stark befahrenen Straße gewohnt. Als ich dann blind geworden bin, sind wir umgezogen. Sonst hätte ich nicht gut alleine rausgehen können."

„Ich hab dich aber noch nicht oft draußen gesehen", stellt Benni fest.

„Na ja, ich komme abends erst nach sechs von der Schule heim. Muss immer lang fahren. Dann bin ich hundemüde. Und ich hab hier keine Freunde", sagt Samuel mit trauriger Miene. „Nur Frodo. Der ist mein bester Freund."

„Echt?" Benni hätte auch gern einen Hund. Aber als bester Freund ist ihm ein Mensch eindeutig lieber. „Und da, wo du früher gewohnt hast?"

„Nö. Die wollen nichts mehr von mir wissen, seit ich nicht mehr sehen kann. Meine Kumpel sind alle aus meiner Schule. Nur Blinde und stark Sehbehinderte."

Nachdenklich geht Benni weiter. Bis gestern wäre er auch nie auf die Idee gekommen, dass Samuel sein Freund werden könnte. Einer der aussieht, als wäre er nicht richtig im Kopf, und sich manchmal so tapsig bewegt. „Wenn du willst, können wir ja öfter mal zusammen Krimis hören. Oder mit dem Hund gehen", schlägt er vor.

„Cool!" Samuels Gesicht strahlt. Einen Moment später wirkt er wieder unsicher. „Ich wär so gern mal bei euch dabei", gibt er zu. Weil Benni nicht antwortet, fragt er kurz darauf: „Nehmt ihr mich mal mit? Vielleicht zum Blinkersee?"

Samuel in seiner Clique? Benni glaubt nicht, dass das geht. Er zuckt mit den Schultern. „Hm, weiß nicht. Du kannst ja nicht Fahrrad fahren."

„Klar kann ich!", wehrt sich Samuel.

Benni schaut ihn erstaunt an. „Hä? Wie soll denn das nun wieder gehen?"

Samuel grinst breit. „Ich hab ein Tandem."

„Ein Tandem? Echt?" Benni staunt schon wieder. „Stark!"

„Manchmal fahr ich mit meinem Papa, aber der hat sich beim Fußball sein Knie verdreht", erzählt Samuel. „Vielleicht können wir ja mal zusammen fahren."

„Klar! Kein Problem", meint Benni.

Kaum sind sie zurück, quengelt Samuel: „Mama, du musst mir helfen, das Tandem aus dem Keller zu holen!"

Zuerst glaubt Benni, mit dem Zweimannfahrrad zu fahren kann ja wohl nicht so schwer sein. Aber dann merkt er, dass man dazu Übung braucht. Wenn sie nicht gleichzeitig lostreten, bekommt einer die Pedale an den Unterschenkel. Und so ein Pedal ist verdammt hart. Wenn Benni bremsen will, Samuel davon aber nichts weiß und kräftig weiterradelt, ist das ebenfalls nicht so hilfreich. Und man sollte auch nicht ständig städtische

Blumenbeete als Landeplatz für Notbremsen verwenden. Außerdem ist der Wendekreis des Tandems fast so groß wie der eines Lkw.

Aber irgendwann haben sie es raus und es macht riesigen Spaß. Es ist beinahe doppelt so gut wie alleine Fahrrad fahren. Obwohl Bennis verwundete Hand und sein Knie zwischendurch heftig schmerzen.

„Morgen frage ich die anderen, ob du mal mitkommen kannst", verspricht Benni.

In dem Moment findet die Sonne eine Lücke zwischen den Wolken. Doch Samuels Gesicht strahlt tausendmal heller.

6. Kapitel
Wasser ist nass!

In der Clique gibt es am nächsten Vormittag wegen Samuel Streit. Als Benni fragt, ob man den blinden Jungen nicht mal mit zum See nehmen könne, rasten Tom und Michael beinahe aus.

„Spinnst du?", motzt Tom.

„Den Krüppel?" Michael zeigt Benni einen Vogel. „Der ist doch nicht ganz dicht."

„Ich hab keine Lust, auf den Matschkopf aufzupassen", stellt Tom klar. „Mir reicht's schon, wenn ich für Sirene Lilly den guten Onkel spielen muss."

„Vielleicht hat er keine Freunde und will auch mal an den See", überlegt dagegen Moritz.

Da schubst Michael ihn an der Schulter und motzt: „Der Zwerg wieder. Geh doch 'ne Runde heulen für den Doofi." Noch mal schubst er ihn aber nicht, weil Charly ihn so böse anschaut.

„Wie soll er überhaupt hinkommen?", fragt sie dann. „Wir fahren doch immer mit dem Fahrrad."

„Kein Problem", antwortet Benni. „Er hat ein Tandem. Wir haben gestern schon geübt."

Michael schaut abfällig und sagt: „Pah! Jetzt fährt er schon mit dem Krüppel."

Benni ist sauer. „Ihr seid echt beknackte Hohlköpfe!"

„Wir können ja abstimmen", schlägt Karo vor.

„Ob die Hohlköpfe sind?", fragt Benni grinsend und hebt auch schon die Hand. „Klar! Ich stimme dafür."

Karo knufft ihn. „Quatschkopf! Nee, wegen dem Blinden natürlich."

Das machen sie dann auch. Tom und Michael sind dagegen, Samuel mitzunehmen. Benni und Moritz sind dafür. Die Mädchen enthalten sich.

„Gleichstand. Dann nehme ich ihn mit", beschließt Benni.

Am Nachmittag knallt die Sonne wieder vom Himmel. Die Hitze ist nur in einer Kühlhalle oder im Wasser auszuhalten. Zum Glück sind Bennis Wunden beinahe verheilt. Verband in den Müll, wasserfestes Pflaster drauf, fertig!

Als Benni seinen Freund Samuel dann abholt, wundert sich Frau Frey: „Ihr wollt an den See? Aber – geht das denn?"

„Klar geht das, Mama", beteuert Samuel. Er will sich auf keinen Fall den Spaß verderben lassen, nur weil seine Mutter Bammel vor jedem Grashalm hat, der sich ihm in den Weg stellt.

Die anderen warten schon beim Spielplatz. Tom und Michael machen ein mürrisches Gesicht, als Benni und Samuel das Tandem aus dem Garten schieben.

Die beiden steigen auf. „Eins, zwei, drei", zählt Benni, dann treten sie gleichzeitig in die Pedale. Nur kurz wackeln sie ein bisschen. Dann düsen sie so schnell Richtung Blinkersee, dass die anderen sich ranhalten müssen. Michael hat kaum Zeit, seinen Schokoriegel fertig zu futtern, und schnauft schwitzend hinterher.

Auf dem Feldweg legen die beiden noch einen Zahn zu. „Juhuu!", jauchzt Samuel, als ihm der Fahrtwind ins Gesicht bläst.

Beim See ist es rammelvoll. Nur in der Nähe eines Mülleimers ist noch Platz für sieben Kinder. Da wollte wahrscheinlich wegen der Wespen niemand hin.

Benni hilft Samuel, das Liegetuch auszubreiten. Zum Hinlegen ist jedoch keine Zeit. Schnell sind Hosen und T-Shirts ausgezogen. Die Schwimmsachen haben alle drunter.

„Wer zuerst im Wasser ist!", ruft Tom.

Wie der Blitz sausen sie los: Tom, Charly, Karo, Michael und Benni.

„Halt, ich … Benni, warte", stottert Samuel. Seine Augen flitzen aufgeregt hin und her, obwohl er nicht sehen kann, wo die anderen sind. Er kann es nur erahnen, weil er lautes Platschen und ihre Stimmen hört.

Auf einmal spürt er eine Hand. „Komm, ich helf dir."

„Zwerg?", fragt Samuel unsicher.

„Ja, ich bin's, Moritz." Er führt Samuel zum See.

Da fällt Bennis Blick auf die beiden. „Ups! Sorry, hab grad gar nicht mehr dran gedacht", entschuldigt er sich.

„Das gibt Rache!", brüllt Samuel mit furchterregender Monsterstimme. Mit beiden Händen greift er ins Wasser und spritzt und spritzt und spritzt in die Richtung, wo er Benni vermutet. Der bekommt zwar etwas ab, doch die größte Ladung landet in Charlys Gesicht.

„Grrr!", knurrt Charly gefährlich. „Na, warte!" Sie stürzt sich auf Samuel und tunkt ihn unter.

Damit hat er nicht gerechnet. Hustend taucht er auf. „Das … kch, kch … bedeutet … kch … Krieg!", grollt er drohend. Er stürzt los, springt ab und – wirft Tom ins Wasser. Es gibt ein wildes Gerangel und Gespritze, alle lachen. Nur ein älterer Mann fängt an zu wettern, dass er in Ruhe schwimmen will. Dadurch ist es noch viel lustiger.

Auf einmal ruft Benni: „Schaut mal, da ist Diego!" Er stürmt auf einen dunkelhaarigen Jungen zu. „Hey, Alter, was geht?"

„Hallo Diego!" Die anderen winken und rennen hinterher.

Alle außer Samuel.

„Was machst du hier? Heimweh?", fragt Charly.

„Ich bin Opa besuchen", erzählt der ehemalige Schulkamerad.

„Und, wie ist es in eurem neuen Haus?", fragt Karo.

„Kommt mit, ich hab Fotos auf dem Handy." Diego gibt ein Zeichen, dass die anderen ihm folgen sollen.

Schon sind sie weg.

Alle außer Samuel. Unsicher steht er im Wasser, tappt einige Schritte weiter. Seine Augen flackern, sein Herz donnert gegen die Brust. „Benni?", ruft er leise.

„Schau dir mal den Spasti an", hört er eine fremde Jungenstimme.

Klar, wer gemeint ist. Allzu oft muss er sich dumme Sprüche anhören von Leuten, die keine Ahnung haben. „Ich bin nur blind!", würde er am liebsten schreien. „Ich bin nicht doof. Ich kann gehen, ich kann rennen, ich kann schwimmen und Fahrrad fahren. Ich kann alles, was ihr könnt. Nur nicht sehen." Aber er sagt nichts, schluckt alles hinunter, wie so oft.

Ihm wird kalt, er will aus dem Wasser. Aufgeregt dreht er seinen Kopf hierhin und dorthin, lauscht nach Stimmen und Geräuschen. Das Ufer muss rechts sein. Er dreht sich in die Richtung. Langsam setzt er einen Fuß vor den anderen. Auf einmal spürt er etwas unter sich.

„Autsch! Mann, kannst du nicht aufpassen?", motzt die Stimme eines unbekannten Jungen.

„'tschuldigung", murmelt Samuel. Er atmet tief durch, versucht die aufsteigenden Tränen hinunterzuschlucken, traut sich nicht mehr weiter. Wie angewurzelt bleibt er im Wasser stehen. Trotz der Hitze ist ihm eiskalt, er zittert, und dann schiebt sich doch eine Träne aus seinem Auge.

In dem Moment lässt Benni seinen Blick schweifen. An einem Jungen, der verloren im Wasser steht, bleibt er hängen. „Ach du Kacke, Samuel!", fällt ihm ein. Mit einem Affenzahn saust er los, springt über Kühlboxen, Badetücher und eingeölte Menschen, rauscht ins Wasser wie ein Motorboot und legt vor Samuel eine Vollbremsung hin. „Oh Mann!", stöhnt er. „Ich vergess immer, dass du nichts siehst. Ich bin echt ein Hornochse."

„Und Holzkopf", fügt Samuel mit belegter Stimme hinzu.

„Und Armleuchter", macht Benni weiter.

„Eine knallköpfige Hohlbirnendumpfbacke", wettert Samuel, wischt die Träne weg und zieht die Nase hoch. Endlich gelingt ihm wieder ein Lächeln.

Während Samuel sich abtrocknet und seinen Zähnen befiehlt, mit dem Klappern aufzuhören, trudeln nach und nach die anderen ein.

Kurz darauf hören sie eine Glocke. „Der Eiswagen!", freut sich Michael und springt auf. Alle suchen ihr Geld und gehen zu dem kleinen Bus. Nur Samuel bleibt sitzen.

„Hier, ich hab dir Schokoladeneis mitgebracht", sagt Benni wenige Minuten später. „Gab leider nur Vanille oder Schokolade."

„Danke!" Samuel hält die Hand hin und wartet, bis Benni kapiert hat, dass er ihm das Eis in die Hand drücken muss. „Ist aber nicht viel Auswahl."

„Nee, nicht mal Erdbeer oder Zitrone", murrt Karo.

Charly leckt von ihrem Vanilleeis. „Ich mag am liebsten Walnuss", sagt sie. „Oder Tiramisu."

„Oder Hühncheneis", sagt Samuel.

Michael schüttelt den Kopf. „Scho ein Quatsch", nuschelt er mit vollem Mund. „Gibtsch doch gar nich."

„Na und?", entgegnet Samuel. „Kann man doch erfinden."

Tom nickt. „Genau! Ich will Hamburgereis."

Moritz lacht. „Oder Pommeseis mit Ketchup."

Auf einmal werden sie entdeckt. Von den Wespen. Die lieben süßes Eis. „Blöde Viecher!", schimpft Michael und versucht die Insekten zu verjagen.

Da hört er genau hinter sich ein Surren. „Sssss!" Er duckt sich. „Sssss!" Warum fangen jetzt alle an zu lachen?

„Du kannst wieder auftauchen", sagt Charly. „Das war Samuel. Der wird dich schon nicht stechen."

Michael wirft dem blinden Jungen einen bösen Blick zu. Dem ist das aber egal, er sieht's ja nicht.

„Wer kommt mit ins Wasser?", fragt Charly, als das Eis vertilgt ist.

„Ich", antwortet Benni. „Muss endlich mal meine Taucherbrille testen."

Auch die anderen gehen mit. Als sie am See sind, fängt Karo auf einmal an, in den höchsten Tönen zu quietschen und zu kichern. Sie streckt eine große Zehe ins Wasser und kreischt: „Iiih! Ist das kalt!" Dabei schielt sie zu einigen Jungen rüber, die von einem Holzsteg ins Wasser springen. Besonders laut kreischt sie, als ein schwarzhaariger, den die anderen Devin nennen, zu ihr herüberschaut.

„Was ist denn mit Karo los?", raunt Charly Benni zu. „Benimmt sich wie eine Tussi."

Aber Benni kriegt nichts mehr mit, er ist schon untergetaucht und untersucht den See mit seiner Taucherbrille. Er findet Algen, Plastiktüten, eine Sandale und – Schwimmshorts. Prustend kommt er mit seiner Trophäe aus dem Wasser. „Da hat tatsächlich jemand seine Badehose verloren", stellt er fest.

„Hammer! Dann ist irgendeiner mit nacktem Hintern aus dem See gekrochen", vermutet Tom.

Und Samuel dichtet: „Frieder sprang mit Badehose in den See. Doch die war lose – und der Sprung ging in die Hose."

Großes Gelächter. Sogar Michael lacht mit und vergisst, dass er den „doofen Krüppel" eigentlich nicht dabeihaben wollte. Er muss zugeben, dass Samuel ein ganz normaler und sogar ziemlich witziger Junge ist.

Dafür stimmt mit Karo etwas nicht. Seit sie von Devin angequatscht worden ist, grinst sie ständig zu ihm rüber und benimmt sich total daneben. Immer wieder wirft sie ihre Haare zurück, kichert in voller Lautstärke wegen nichts und zupft ununterbrochen an ihrem Bikini herum. Irgendwann geht sie mit ihrem Handy zu ihm. Kurz darauf erhält sie einen Anruf, den sie quietschend und lieblich säuselnd beantwortet.

„Weiber", murrt Charly, obwohl sie selbst ein Mädchen ist. Aber das scheint sie manchmal zu vergessen.

Erst um halb acht packen sie zusammen. Es war ein schöner Nachmittag.

„Leute, morgen müssen wir noch mal über unsere Bande sprechen", fällt Tom ein. „Was wir machen wollen und wie sie heißen soll und so."

„Eine Bande? Ihr wollt eine Bande gründen?" Samuel klingt ganz aufgeregt. „Darf ich auch mitmachen?"

„Klar!", sagt Moritz.

„Warum nicht?", fragt Karo.

„Null Problem", meint Charly.

Tom zuckt mit den Schultern und murmelt: „Von mir aus."

Und Michael murrt: „Wenn's sein muss."

Benni schlägt Samuel auf die Schulter und freut sich. „Du bist dabei!"

„Also, morgen um zehn beim Spielplatz", bestimmt Tom.

Mit glücklichem Grinsen steigt Samuel hinter Benni aufs Tandem. Als sie nach Hause düsen und ihm der Fahrtwind ins Gesicht bläst, jauchzt Samuel noch lauter als auf dem Hinweg. Wieder donnert sein Herz gegen die Brust. Doch diesmal nicht aus Angst, sondern vor Freude.

7. Kapitel
Auf jeden Fall ein Fall

Tom muss am nächsten Tag zum Glück nicht auf seine Minimonsternichte aufpassen. Er ist als Erster am Treffpunkt und sitzt gerade auf der Schaukel, als Samuel mit seinem Stock den Eingang zum Spielplatz sucht. „Warte, ich helf dir!", ruft Tom und eilt Samuel entgegen. Er führt ihn zu einer Bank und nuschelt leise: „Sorry, dass wir dich letztens so geärgert haben."

„Hab ich schon fast vergessen", schwindelt Samuel.

Bald sind auch die anderen da. Nur Karo fehlt. „Wahrscheinlich muss sie erst noch Liebesbriefe schreiben", lästert Charly. Ihre beste Freundin ging ihr gestern mit ihrem mädchenhaften Getue gegenüber Devin mal wieder ziemlich auf den Keks.

„Wie spät ist es eigentlich?", fragt Tom.

Da ertönt plötzlich eine unbekannte Frauenstimme: „Es ist zehn Uhr und vierzehn Minuten."

„Du hast eine sprechende Uhr?", wundert sich Moritz. „Cool!"

Noch drei Mal muss Samuel seine Armbanduhr vorführen. Ein Knopfdruck genügt und schon sagt sie die Zeit an.

„Was ist denn das für einer?", fragt Michael und deutet auf einen ziemlich verwahrlosten Mann, der in einem Abfalleimer wühlt.

„Das ist Ingo", erklärt Tom. „Der hat früher öfter mal beim Supermarkt neben den Einkaufswagen gepennt. Da haben sie ihn aber weggeschickt." Tom weiß das genau, weil seine Mutter halbtags in dem Laden arbeitet.

„Schaut mal, er holt Pfandflaschen aus dem Müll", stellt Charly fest.

„Bah! Wie eklig!" Michael rümpft die Nase.

„Was soll er machen, wenn er kein Geld hat?", wendet Moritz ein. „Der hat doch keine Arbeit mehr."

Tom nickt. „Ja, die Firma hat dichtgemacht und da ist er arbeitslos geworden. Angeblich hat ihn seine Frau auf die Straße gesetzt. Keine Ahnung, wo er jetzt haust."

Schnaufend saust Karo auf den Spielplatz. „Leute, ihr glaubt nicht, was passiert ist!", keucht sie und lässt sich erschöpft auf die Bank fallen.

„Ein Ufo ist gelandet!", rät Benni.

„Ihr habt im Lotto gewonnen und jeder von uns bekommt eine Million", hofft Tom.

„Du hast dein Hirn wiedergefunden", brummt Charly.

„Ihr seid doof." Karo schaut in die Runde. Mit geheimnisvoller Miene verrät sie: „Heute Nacht ist eingebrochen worden!"

„Echt?" Der Krimiexperte Samuel ist ganz aufgeregt. „Bei euch?"

Karo schüttelt den Kopf. „Nein, nebenan, bei Justin. Das ist ein Freund von meinem Bruder Patrick."

„Was ist geklaut worden?", will Benni wissen.

„Sein Fahrrad", erzählt Karo. „Aus dem Keller. Es war noch fast neu, ein Rennrad für über tausend Euro."

„Boah!", staunt Tom. „Und ich muss mit der alten Klappermühle aus dem letzten Jahrtausend rumgurken."

„War die Polizei da?", fragt Samuel.

„Ja", antwortet Karo. „Aber die haben nichts gefunden. Nur, dass die Tür aufgebrochen worden ist. Aber sonst keine Spuren."

Samuel überlegt: „Vielleicht haben sie was übersehen. Wir könnten ja mal zum Tatort gehen."

Michael tippt sich mit dem Finger an die Stirn. „Klar. Ausgerechnet du siehst natürlich mehr als die Polizei."

„Man kann nicht nur mit den Augen sehen", wehrt sich Samuel.

„Ich finde, Samuel hat recht", geht Benni dazwischen. „Mal schauen kostet nix."

Auch Charly ist dafür. „Stimmt. Verbrecherjagd wäre cool."

Tom grinst. „Wär schon der Hammer, wenn wir den Dieb finden würden. Vielleicht gibt's 'ne Belohnung."

„Und wenn die Räuber gefährlich sind?", wendet Moritz ein.

Charly legt den Arm um ihren kleinen Bruder. Dabei schaut sie grimmig zu Michael, damit der gar nicht erst auf die Idee kommt, eine dumme Bemerkung zu machen. „Keine Angst, Zwerg. Wir passen schon auf."

Der Tatort ist fast um die Ecke, da kann man gut zu Fuß hin. Samuel nimmt Bennis Arm, so geht es flott.

Als sie bei dem Dreifamilienhaus ankommen, in dem der Diebstahl verübt worden ist, steht Justin mit Karos großem Bruder davor. „Was wollt ihr denn alle hier?", fragt Patrick.

Karo beachtet ihn überhaupt nicht und wendet sich gleich an seinen Freund. „Können wir uns mal euren Keller anschauen?"

„Wieso?" Justin schaut sie verständnislos an. „Da gibt's nichts zu sehen. Vor allem kein Fahrrad."

„Schon klar", antwortet Karo. „Aber vielleicht hat die Polizei ja was übersehen."

Justin zuckt mit den Schultern. „Von mir aus", sagt er und geht voraus. In den Keller kommt man über eine steinerne Treppe. Verwundert beobachtet Justin den Jungen, der sich am Arm eines anderen Jungen hinunterführen lässt. „Ist der blind?", fragt er.

„Nur meine Augen", antwortet Samuel.

Justin starrt ihn verständnislos an. Blöde Antwort, findet er.

„Da drin ist es ja zappenduster", stellt Tom fest, nachdem sie die Kellertür geöffnet haben.

Justin schaltet das Licht ein, ohne den Jungen mit dem weißen Stock aus den Augen zu lassen. Es ist das erste Mal, dass er einen blinden Menschen so aus der Nähe sieht. Wirkt eigentlich ganz normal, denkt er bei sich, wenn man von dem verlorenen Blick absieht.

Die Kinder gehen in den Keller und schauen sich um. „Mein Rad war dort drüben neben dem Werkzeugschrank", erklärt Justin.

Benni sucht überall auf dem Boden, Charly und Moritz schauen neben dem Werkzeugschrank, Karo inspiziert genau das aufgebrochene Türschloss und Michael untersucht die Einmachgläser, aber die Kinder können nichts finden.

Samuel schnuppert links, er schnüffelt rechts, dann noch direkt am Tatort. Immer wieder zieht er leicht die Nase hoch.

„Hast du Schnupfen?", fragt Moritz.

„Nein", antwortet Samuel. „Ich dachte, ich hätte was gerochen." Suchend ruft er in den Keller hinein: „Justin? Raucht jemand bei euch im Haus?"

„Nö. Der Weber aus dem ersten Stock ab und zu. Aber zurzeit gewöhnt er es sich mal wieder ab. Wieso?" Justin wundert sich über die merkwürdige Frage. Was hat das mit seinem geklauten Fahrrad zu tun? Der Junge ist wohl doch ein bisschen plemplem, vermutet er.

„Mir kam es so vor, als hätte ich Zigarettenrauch gerochen", erklärt Samuel. „Kann mich aber täuschen. Vielleicht kam's auch von einem der Polizisten."

Justin zuckt mit den Schultern. Er riecht nichts. Außerdem bringt sie der angebliche Zigarettenrauch auch nicht weiter.

Nachdem sie alles erfolglos durchsucht haben, wird Justin noch von den Krimiexperten Samuel und Benni gelöchert. So erfahren die Kinder, dass der Keller von den drei Familien im Haus genutzt wird und sie alle einen Schlüssel haben, dass der Einbruch zwischen elf Uhr nachts und acht Uhr morgens verübt worden sein muss, dass das Rad nicht abgeschlossen war und niemand etwas Verdächtiges gehört oder bemerkt hat.

„Wie sieht dein Rad eigentlich aus?", fragt Charly.

„Es ist ein Rennrad", sagt Justin. „30 Gänge, weißer Rahmen mit blauer Schrift. Der Lenker ist auch blau. Ich wollte damit für ein Radrennen trainieren." Ziemlich zerknirscht sagt er das.

„Vielleicht finden wir ja was raus", versucht Karo ihn zu trösten.

„Könnt ihr mal den Weg zum Haus absuchen, ob da irgendein Abfall rumliegt?", ruft Samuel in die Runde.

Justin hält die Idee für etwas bekloppt, sagt aber nichts. Er ist schon siebzehn und für ihn sind es eben kleine Kinder, die Kommissar spielen wollen. Aber wenn sie durch Zufall etwas entdecken würden, hätte er natürlich nichts dagegen. „Das Rad war noch nicht mal versichert", raunt er Patrick zu. „Echt beknackt. Ich hab ewig dafür gejobbt und auch noch mein ganzes Geburtstagsgeld reingesteckt. Keine drei Wochen alt und schon weg." Er lässt einen tiefen Seufzer hören.

„Da ist ein Kaugummipapier!", ruft Karo aus. „Ein Beweisstück!"

„Zeig!" Benni schaut es sich an. „Ist von mir", stellt er fest.

„Musst du deinen Müll bei uns abladen?", murrt Justin.

„Schaut mal da!" Moritz deutet auf eine Zigarettenkippe neben den Rosen.

„Sieht ziemlich frisch aus. Vielleicht raucht der Weber doch noch", vermutet Benni.

„Die kann jeder hier ausgetreten haben", meint Justin.

„Gib mal", bittet Samuel und hält die Hand auf. Er riecht an dem Zigarettenstummel, lässt sich Bennis Kaugummipapier geben, wickelt das Fundstück darin ein und steckt es in die Hosentasche.

So viel sie auch suchen, es ist nichts mehr zu finden.

„Die alte Krautrüb kehrt alle drei Tage. Hat sonst nichts zu tun", sagt Justin. Dann ist es kein Wunder, dass so wenig Abfall zu finden ist.

Langsam schlurfen die Kinder Richtung Spielplatz zurück.

„War ja nicht sehr ergiebig", stellt Charly fest.

„Was machen wir jetzt?" Karo wirkt ein bisschen enttäuscht.

„Wir überlegen, wie wir bei dem Fall vorgehen", schlägt Samuel vor.

„Quatsch! Für uns gibt's keinen Fall", murrt Michael. „Wie sollen wir denn was herausfinden, so ganz ohne Spuren, Herr Oberschlau?"

„Das können wir doch heute Nachmittag ganz in Ruhe besprechen", meint Charly. „Uns wird schon irgendwas einfallen."

Karo nickt. „Wir müssen eben die Augen offenhalten."

„Und die Nasen und Ohren", fügt Samuel hinzu.

„Genau", sagt Tom. „Jetzt hat unsere Bande was zu tun."

„Wir haben auf jeden Fall einen Fall", freut sich Benni. Er hat das Gefühl, dass die Ferien noch richtig spannend werden können.

8. Kapitel
Im Wald, da sind die Räuber

Bis zum Treffen um drei hat Benni noch ein bisschen Zeit. Mit seinem Mountainbike saust er zum Supermarkt. Er hat Glück, es gibt ein günstiges Sonderangebot. „Blau oder grün?", überlegt er. Schließlich entscheidet er sich für grün. Sieht stark aus und kostet nur drei Euro.

„Die solltest du aber nicht in der Sonne tragen", sagt die Frau an der Kasse. „Sie hat keinen guten UV-Schutz."

„Kein Problem", antwortet Benni.

Um zehn vor drei holt er Samuel ab. „Ich hab dir eine Sonnenbrille mitgebracht", sagt er.

„Mir?", wundert sich Samuel. „Brauch ich doch nicht."

„Sieht aber cool aus", sagt Benni und schiebt sie seinem Freund auf die Nase.

„Ich hatte früher mal eine", erzählt Samuel. „Wenn ich dann bei Regenwetter damit draußen war, haben mich viele blöd angemacht. Deshalb geh ich immer ohne." Da er merkt, dass Benni verlegen schluckt, fügt er schnell hinzu: „Aber jetzt im Sommer kann ich sie ja tragen. Wie sieht sie denn aus?"

„Neongrün", sagt Benni. „Und rattenscharf!"

Gemeinsam gehen sie zum Treffpunkt.

„Hey, Samuel, starke Sonnenbrille", findet Charly.

„Steht dir gut", sagt Moritz.

„Hammer!“, lobt sogar Tom. „Sieht echt cool aus.“

„Du hast ein hübsches Gesicht, wenn man die Augen nicht sieht“, rutscht es Karo raus. Im nächsten Moment wird sie ebenso rot wie Samuel.

„Also, Leute, wir brauchen Ideen“, wechselt Tom zum Glück das Thema. „Wie bringen wir den Dieb zur Strecke?“

„Wir könnten mal Mieringen abklappern, ob irgendwo ein Rennrad steht, auf das die Beschreibung passt“, schlägt Karo vor. „Gibt’s ja wahrscheinlich nicht so oft.“

„Wir sollten rauskriegen, ob in der Gegend noch mehr Räder geklaut worden sind“, meint Benni.

Tom überlegt: „Gibt es Verdächtige? Wer könnte es auf Justins Rad abgesehen haben?“

„Jemand, der ein neues Fahrrad will“, vermutet Moritz.

„Oder einer, der Geld braucht“, meint Samuel.

„Ingo!“, ruft Michael.

„Bingo!“, antwortet Tom. „Der braucht Geld. Der will das Rad verkaufen, könnt ich wetten.“

„Man könnte ihn beobachten“, schlägt Charly vor.

Tom nickt. „Okay, wir müssen uns in Mieringen umschauen“, beschließt er. „Vielleicht findet jemand Ingo. Oder einen anderen Verdächtigen. Oder das Rad.“

„Am besten teilen wir uns auf“, meint Benni. „Wer hat ein Handy?“

„Ich!“, rufen Samuel, Karo und Michael gleichzeitig.

Also bilden sie drei Gruppen. Charly und Karo suchen zusammen in Mieringen-Nord, Tom geht mit Michael zu den Hochhäusern im Süden, hinter den Bahngleisen. Benni bildet mit Samuel und Moritz einen Dreiersuchtrupp für den Blinkersee.

„Wer was findet, ruft die anderen an", bestimmt Tom. „Ansonsten um fünf hier."

Die Handybesitzer tauschen ihre Nummern aus, dann geht's los.

Als Benni und Samuel auf dem Tandem sitzen, fällt Benni etwas ein. „Du hast doch einen Hund."

„Ja, und?" Samuel versteht ihn nicht.

„Kann der auch Spuren suchen?"

Samuel lacht. „Nur wenn es Wurstspuren sind. Oder die Fährten von Kaninchen. So ein richtiger Spürhund braucht eine ewig lange Ausbildung."

„Schade. In den Krimis finden doch oft die Hunde der Kinder den Täter."

„Ja", antwortet Samuel. „Aber wir leben in der Wirklichkeit."

Am Blinkersee ist wieder viel los. Hunderte Fahrräder sind an Bäume gekettet oder liegen im Gras bei den Besitzern.

Benni schiebt sich einen Kaugummi in den Mund und überlegt. „Moritz, du suchst hier. Ich grase die Wiese ab."

„Guten Appetit", lacht Samuel.

Benni knufft ihn grinsend in die Seite. „Und du?" Er stutzt. Was jetzt? Sein blinder Freund ist bei der Aktion nur ein Hindernis.

„Bringt mich zum Eiswagen", sagt Samuel, der eben die Glocke gehört hat. „Wenn ihr fertig seid, holt ihr mich dort wieder ab."

Moritz und Benni stellen Samuel ans Ende der Warteschlange und machen sich dann auf die Suche.

Während Samuel sich in der Reihe nach vorne schieben lässt, lauscht er, was die Leute alles ausplaudern. So erfährt er im Menschengetümmel, dass irgendein Paul ein tolles Zeugnis hat, er schnappt auf, dass Fabi totaaal süüüüß ist, hört, dass Hasso ins Haus gemacht hat, weiß jetzt, dass Desiree schon drei Milchzähne fehlen und der Wetterbericht für die Nacht ein Gewitter voraussagt. Aber kein Mensch erwähnt einen Einbruch.

Kurz bevor Samuel beim Eiswagen an die Reihe kommt, klingelt sein Handy. Als das kurze Gespräch beendet ist, spürt er eine Hand auf der Schulter. „Hab nichts gefunden", hört er Bennis Stimme.

In dem Moment kommt auch Moritz. „Nur ein blaues Rennrad mit weißem Lenker, aber nicht umgekehrt."

Für ein Eis hat Samuel keine Zeit. Er wollte ohnehin nur dem Tratsch der Leute lauschen. „Michael hat eben angerufen", sagt er. „Wir sollen gleich zum Spielplatz kommen."

Benni lässt eine Kaugummiblase platzen. „Muss wohl irgendwas passiert sein", vermutet er und holt das Tandem. Im Eiltempo radeln sie zurück.

Als sie beim Spielplatz ankommen, nimmt Michael gerade sein Telefon vom Ohr. „Sie sind jetzt im Wäldchen", sagt er.

Benni schaut ihn fragend an. „Wer ist im Wäldchen?"

„Charly und Karo haben Ingo entdeckt", erklärt Tom. „Beim Supermarkt."

„Mit einer vollen Tüte. Also echt verdächtig", fügt Michael hinzu.

„Die beiden haben ihn verfolgt", berichtet Tom weiter. „Eben ist er ins Wäldchen abgetaucht."

Moritz macht große Augen. „Und wenn ihnen was passiert?"

„Quatsch, Zwerg", winkt Michael ab. „Der wird sie schon nicht umbringen."

Nach dieser Bemerkung geht es Moritz auch nicht besser, im Gegenteil.

„Und jetzt?", fragt Samuel.

„Jetzt ist warten angesagt", sagt Tom. „Sie melden sich, sobald es Neuigkeiten gibt."

Das Handy gibt einen Ton von sich. „Eine SMS", stellt Michael fest. Er liest vor: „Sind auf dem Weg Richtung Drosselquelle."

„Das ist mitten im Wald", weiß Benni.

„Wie war es bei euch?", wendet Samuel sich an Michael und Tom. „Habt ihr was gefunden?"

„Nix", antwortet Tom. „Wir haben bei den Hochhäusern und den Baracken geschaut, aber nichts Verdächtiges entdeckt. Beim Bahnhof auch nicht. Und ihr?"

Benni schüttelt den Kopf. „Null."

Detektivarbeit scheint nicht so einfach zu sein. Still schauen sie den Kindern auf dem Spielplatz zu. Samuel horcht, was die Mütter reden. Auch bei ihnen geht es nicht um Einbrüche, sondern nur um Kindergarten, Kindererziehung, Kinderspielzeug, Kindermahlzeiten und Kinderbekleidung.

Moritz ist blass geworden. Die Sorge um seine große Schwester Charly saugt das Blut aus seinem Kopf. Und dann bekommt er auch noch einen Schluckauf.

Mit der Zeit werden auch die anderen immer unruhiger. „Soll ich die Mädels mal anrufen?", überlegt Tom.

„Auf keinen Fall!", antwortet Benni. „Wenn der Typ das Telefon hört, werden sie entdeckt."

„Hicks! Warum rufen sie uns nicht an?", jammert Moritz.

„Oder schicken eine SMS", fügt Michael hinzu.

Es dauert und dauert. Endlich klingelt Michaels Handy. Kaum ist der erste Ton verklungen, hat er es schon am Ohr. „Sie kommen gleich", berichtet er kurz darauf. „Hatten kein Funknetz im Wald."

„Puh!" Alle atmen erleichtert auf und Moritz bekommt wieder eine etwas normalere Gesichtsfarbe. Sogar sein Schluckauf verkrümelt sich.

Zehn Minuten später sind die Mädchen zurück. „Uff, war das anstrengend!" Karo lässt sich auf eine Bank fallen.

„Und aufregend", sagt Charly. „Wir durften uns ja nicht erwischen lassen." Ächzend setzt sie sich neben Karo.

Die Mädchen erzählen, wie Ingo mit vollgepackter Tüte aus dem Supermarkt gekommen ist, als sie eben die Fahrräder unter die Lupe nehmen wollten. Das fanden sie sehr verdächtig und sie beschlossen, ihn zu verfolgen. In Mieringen war das kein Problem, aber im Wald konnten ihm die beiden menschlichen Schatten leicht auffallen. Deshalb schlichen sie so lautlos wie möglich von Baum zu Baum.

„Zwei Mal hat er was gehört und sich umgedreht. Wir sind beinah in Ohnmacht gefallen vor Schreck! Aber zum Glück ist er dann weitergegangen", erzählt Karo.

Moritz wird schon wieder blass, als er das hört.

„Was wollte er denn im Wald?", fragt Michael.

„Er wohnt da." Charly leert ein knappes Kilo Erde und Tannennadeln aus ihren Turnschuhen.

„Er wohnt da?", wundert sich Benni.

„Ja, wahrscheinlich in einer Höhle oder so." Karo zupft Blätter aus ihren Haaren. „Hat ausgesehen, als wenn er heimgehen würde."

Tom meint: „Wenn man da mal reinschauen könnte …"

„Wir müssen eben warten, bis er wieder aus dem Wäldchen kommt", sagt Charly.

Michael murrt: „Das kann dauern. Bis dahin sind wir vielleicht verhungert."

„Nach ein paar Stunden Essensentzug verhungert man nicht", gibt Charly mit abfälligem Blick zurück. „Außerdem würde dir das mal nicht schaden."

„Pff!", antwortet Michael, holt aus den Tiefen seiner Hosentasche ein Zitronenbonbon, das schon sehr nach Notration aussieht, popelt es aus dem Papier und steckt es in den Mund.

„Mal sehen, vielleicht kommt Ingo ja bald wieder raus", sagt Tom. „Wir sollten das Wäldchen beobachten."

„Ich würde sagen, Samuel und ich kommen zu Fuß nach", schlägt Benni vor. „Wir könnten seinen Hund holen und mit ihm als Vorhut in den Wald gehen. So fallen wir am wenigsten auf."

„Samuel, du hast einen Hund?", staunen die anderen, die Frodo noch nicht kennen. „Kann der Spuren suchen?"

Samuel grinst. „Nur, wo es was zu fressen gibt."

Wenig später treffen sie sich beim Wäldchen. Samuel lässt sich wieder von Benni führen, das klappt inzwischen perfekt. Frodo spaziert fröhlich neben seinem Herrchen.

„Ach, ist der süüüß!", kreischt Karo, stürmt auf den Hund zu und knuddelt ihn.

Moritz hält zuerst ein Stück Abstand. Erst als er sieht, dass an Karo noch alles dran und unverletzt ist, kommt er näher und lässt vorsichtig seine Hand beschnuppern.

„Ich gehe mit Benni und Frodo in den Wald", sagt Samuel. „Wenn mein Hund bellt, wisst ihr, dass Ingo kommt. Dann solltet ihr euch verstecken, damit er keinen Verdacht schöpft."

Frodo stürmt voraus, pinkelt und schnüffelt. Samuel horcht nach Vogelstimmen und anderen Geräuschen, Benni übt möglichst große Kaugummiblasen. Tom und Charly fahren die Straße rauf und runter, Karo schaut zum hundertsten Mal auf ihr Smartphone und Michael überlegt, ob er kurz heimlaufen soll, um Verpflegung zu holen.

Plötzlich spitzt erst Frodo die Ohren, dann Samuel. „Ich glaube, da ist jemand", zischt er Benni zu.

Benni horcht, kneift die Augen zu Schlitzen zusammen. Da erkennt er weit entfernt zwischen den Bäumen die abgerissene Gestalt. „Er kommt!"

„Frodo, sprich!", sagt Samuel leise zu seinem Hund. Tatsächlich: Frodo bellt in voller Lautstärke, bis sein Herrchen ihm ein Leckerli hinhält.

Gerade als die anderen hinter Büschen und Bäumen Deckung gesucht haben, kommt Ingo aus dem Forst und steuert das Wohngebiet an.

„Da hat sich das Warten doch gelohnt", freut sich Tom und geht zur Vorhut ins Wäldchen. „Dann stürmen wir gleich mal die Räuberhöhle."

„Ich bleib hier und halte Wache", beschließt Samuel. „Vielleicht kann ich ihn notfalls irgendwie aufhalten."

„Ich auch", sagen Moritz und Michael gleichzeitig. Moritz mag dunkle Höhlen nicht so gern und Michael hat einfach keine Lust, sich mühsam durch das dichte Gehölz zu quälen.

Im Wäldchen ist es angenehm kühl. Charly und Karo gehen voraus, Tom und Benni folgen den Mädchen. Bei der Drosselquelle schauen sie sich suchend um. Der Weg biegt links ab, aber zu Ingos Versteck müssen sie jetzt querfeldein.

Tom entdeckt Fußspuren. „Da lang", sagt er.

Wenige Minuten später haben sie Ingos Behausung gefunden. Karo leuchtet mit dem Handy hinein. Gruselig sieht sie aus in dem fahlen Licht. Beinahe so, wie man sich eine Räuberhöhle aus einem Kinderbuch vorstellt.

Die vier entdecken eine alte Matratze, einen fleckigen Schlafsack, mehrere Flaschen, einen kleinen Gaskocher, eine Plastikkiste mit Lebensmitteln und alte Zeitungen.

„Puh, wie kann man so leben?", wundert sich Karo und schüttelt sich.

„Verschärft", murmelt Benni.

Allen ist mulmig zumute. Sogar Tom empfindet gerade das winzige Zimmer, das er sich mit seinem großen Bruder teilen muss, als Luxus.

„Kein Fahrrad", stellt Benni fest.

„Vielleicht ist es hinter der Höhle", überlegt Tom.

„Oder er hat es schon verscherbelt", meint Charly. „Wovon hat er sonst so viel eingekauft?"

„Hm." Benni zuckt mit den Schultern. „Nach tausend Euro sieht das hier aber nicht aus."

„Leute, wir sollten zurück", mahnt Tom.

„Stimmt", sagt Karo. „Ich will nicht erwischt werden. Und weil hier kein Handynetz ist, können uns die anderen nicht mal warnen."

Auf einmal hören sie ein Rascheln, direkt vor der Höhle. Die vier erstarren vor Schreck. Ängstlich halten sie die

Luft an. Karo schaltet das Handy aus. Stockfinster ist es jetzt in dem grausigen Loch. Nur der Eingang wird durch einige mickrige Sonnenstrahlen erhellt.

Wieso kommt der Mann schon zurück? Was sollen sie tun? Wie wird er reagieren, wenn er sie entdeckt? Was, wenn er gefährlich ist?

Da sehen sie die Übeltäterin: Eine fette Amsel hüpft vor der Höhle herum, pickt etwas vom Boden und fliegt davon. Dann ist Ruhe.

„Puh!" Karo spürt, wie ihre Knie zittern. „Ich dachte schon, mein letztes Stündlein hätte geschlagen."

„Ich hab mir beinah in die Hosen gepinkelt", gibt Charly zu.

„Und ich hab vor Schreck meinen Kaugummi verschluckt", brummt Benni.

Zitternd kriechen sie aus dem dunklen Loch. Als sie wieder im Freien stehen, atmen sie erleichtert durch.

Ein kurzer Blick hinter die Höhle: Dort ist auch kein Fahrrad zu finden. Also ist das Diebesgut entweder an anderer Stelle versteckt, schon verkauft, oder Ingo hat nichts mit der Sache zu tun. So schnell ihre Gummibeine sie tragen, laufen die vier zurück.

„Das war vielleicht gruselig", stößt Karo aus, als sie wieder bei den drei Wachtposten sind. Schnell erzählen sie von der schaurigen Höhle und dem Geräusch. Moritz wird blass um die Nase. Aufgeregt grapscht er nach Charlys Hand und drückt sie ganz fest, froh, dass seine Schwester wieder bei ihm ist.

„Jedenfalls war kein Fahrrad da. Und nach viel Geld hat es in dem Loch ganz sicher nicht ausgesehen", sagt Karo.

„Leute, ich fürchte, wir sind auf der falschen Fährte", meint Samuel.

Tom zuckt mit den Schultern. „Kann sein."

„Was machen wir jetzt?", fragt Charly.

Michael schaut auf die Uhr. „Also ich geh zum Abendessen."

Auch die anderen müssen heim. Benni führt Samuel nach Hause. An einem Mülleimer sieht er eine bekannte Gestalt, die im Abfall wühlt. Nachdenklich murmelt er: „Ich glaube auch, wir sind auf der falschen Fährte."

9. Kapitel
Der frühe Vogel fängt den Wurm

Gestern war wieder schwimmen im Blinkersee angesagt. Natürlich haben die Kinder auch über ihren Fall gesprochen, aber selbst Detektive brauchen ein bisschen Entspannung und wollen ihre Ferien genießen.

Dafür gibt es heute Arbeit. Der Opa von Charly und Moritz kann mit seinem gebrochenen Bein den Garten nicht versorgen. „Und jetzt sind gerade die Kirschen reif", hat er gesagt. „Und die Himbeeren." Ob die Kinder denn nicht zuerst ein bisschen Unkraut jäten und dann das Obst pflücken könnten. Es sei auch nicht so schlimm, wenn einige Früchte in die Münder rutschen würden.

Michael ist gleich dafür gewesen und auch die anderen haben nichts gegen frische Kirschen und Himbeeren einzuwenden. Die Sache mit dem Unkraut haben sie nur mit einem halben Ohr gehört.

Weil es ein heißer Tag werden soll, wollen sie schon morgens um acht anfangen. Benni holt Samuel ab. Sie sind auf dem Tandem gerade mal ein paar Meter gefahren, da hören die beiden aufgeregtes Geschrei.

„Mama!", kreischt ein Mädchen. „Mein Fahrrad ist weg!"

„Halt an!", fordert Samuel seinen Freund auf. Sie bremsen und schieben das Tandem in die Nähe des Mädchens, bleiben aber hinter einem Busch verborgen.

„Nora, was machst du für ein unnötiges Theater", mahnt eine Frau. „Dein Fahrrad ist im Keller."

„Eben nicht!" Das Mädchen fängt an zu weinen. „Ich wollte es gerade holen, aber es ist nicht mehr da."

Die Frau verschwindet im Haus. Kurz darauf stürmt sie aufgebracht heraus. „Ein Dieb!", jammert sie in voller Lautstärke. „Das darf nicht wahr sein! Ich muss sofort die Polizei anrufen."

„Komm", zischt Benni seinem Freund zu. „Das schauen wir uns an."

Samuel legt seine Hand auf Bennis Schulter. Gemeinsam gehen sie auf die Frau und das Mädchen zu.

„Bei Ihnen ist ein Fahrrad gestohlen worden?", fragt Benni.

„Ja." Die Frau sieht verzweifelt aus. „Es war noch nagelneu. Alle haben zum achten Geburtstag von Nora zusammengelegt: die Großeltern, die Tanten und Onkels …"

„Und jetzt ist es weg", schluchzt ihre Tochter. „Gestern Abend hab ich es im Keller eingeschlossen."

„Dürfen wir uns dort mal umschauen?", bittet Samuel. „Weil – kürzlich haben wir schon mal einen Fahrraddiebstahl erlebt. Vielleicht gibt es da Ähnlichkeiten."

„Meinetwegen", sagt die Frau. „Aber fasst nichts an. Damit ihr keine Spuren verwischt."

Nora führt die Jungen in den Keller. Sie wundert sich über den einen mit der Sonnenbrille. Warum nimmt er im Haus die dunklen Gläser nicht ab? Manchmal macht er ganz komische Grimassen. Und jetzt fängt er auch noch an, merkwürdig zu schnüffeln.

„Riechst du was?", fragt Samuel seinen Freund.

Benni schnuppert kurz. „Muffelt nach Keller", meint er.

„Nicht nur", sagt Samuel. „Musst mal genauer riechen. Ich ruf bei den anderen an, die sollen sofort herkommen." Von Nora erfährt er die genaue Adresse.

Während Samuel telefoniert, wandert Benni schnüffelnd durch den Keller. „Wo hat das Fahrrad denn gestanden?", fragt er das Mädchen.

Nora zeigt ihm einen leeren Platz neben einer alten Puppenküche.

Benni sucht und schaut und schnüffelt. Da fällt ihm tatsächlich etwas auf. „Es riecht nach Zigarettenrauch." Und dann ist da noch ein anderer Geruch.

Die anderen sind wenige Minuten später da.

„Du meine Güte, was wollt ihr denn alle hier?", wundert sich die Frau. „Sollte man die Arbeit nicht lieber der Polizei überlassen?"

„14, äh, nee, zwölf zusätzliche Augen sehen mehr", meint Karo.

Nora zählt die Kinder durch und wundert sich, warum das große Mädchen nicht 7 · 2 rechnen kann.

„Und viele Nasen riechen mehr", fügt Samuel hinzu. „Schnuppert mal."

Also spazieren jetzt Karo, Charly, Moritz, Michael und Tom schnüffelnd wie eine Horde Spürhunde durch den Keller.

„Rauch", meint Charly nach einer Weile.

„Und irgendein Deo", glaubt Karo. „Oder Rasierwasser. Riecht ein bisschen nach Zitrone."

Benni wendet sich an Nora und ihre Mutter. „Raucht hier jemand im Haus?"

Nun schnuppert auch die Frau. Sie scheint ebenfalls den Geruch zu bemerken. „Herr Witzmar. Aber der pafft nur Pfeife, das riecht anders. Und in den Keller kommt er fast nie."

„Wer aus dem Haus könnte ein Rasierwasser benutzen?", fragt Samuel weiter.

„Bei uns niemand", sagt Noras Mutter. „Wir beide wohnen allein. Herr Witzmar vielleicht. Der Mieter aus dem zweiten Stock eher nicht, der hat einen Vollbart."

„Könnte mal jemand den Weg und die Treppe nach einem Zigarettenstummel absuchen?", bittet Samuel seine neuen Freunde.

Moritz, Michael und Karo verschwinden nach draußen. Es dauert nicht lange, da kommen sie tatsächlich mit drei ausgetretenen Kippen zurück.

Samuel holt den Stummel von vorgestern aus der Hosentasche und wickelt ihn aus dem Kaugummipapier. Er ist schon etwas verkrümelt und hat ein bisschen Pfefferminzgeruch angenommen, aber man kann den Tabak noch riechen. Mit der Nase vergleicht er die Fundstücke. „Das ist dieselbe Marke", meint er und deutet auf den Zigarettenrest, der von den dreien am neuesten aussieht.

„Stimmt", bestätigt Benni. „Sie sehen auch gleich aus." Da fällt ihm noch etwas auf: „Die Kippe ist nur zur Hälfte abgeraucht, als hätte es jemand eilig gehabt."

Samuel steckt die beiden Zigarettenreste in die Hosentasche.

„Hallo?", kommt eine Männerstimme von oben. An der Treppe steht ein Polizist. „Ist hier etwas gestohlen worden?"

„Ja, mein Fahrrad", sagt Nora. „Aus dem Keller."

„Wie hat es denn ausgesehen?", fragt der Beamte noch im Hausgang.

„Es war pink. Mit Pferden drauf." Nora zieht die Nase hoch.

„Dann zeig mal, von wo es geklaut worden ist", sagt der Mann in Uniform. Er steigt die Stufen hinunter und schaut verwundert auf die Kinderschar.

„Wir wollten gerade gehen", sagt Benni schnell, fasst Samuel am Arm und geht mit ihm voraus.

„Arme Nora", sagt Moritz, als sie wieder auf der Straße sind. „Jetzt hat sie kein Fahrrad mehr."

Charly ballt die Fäuste. „Wenn wir den Verbrecher finden, kriegt er eins auf die Rübe."

„Wir müssen alles sammeln, was wir über den Dieb wissen", meint Benni.

Michael ist überzeugt: „Mit vollem Magen denkt sich's besser."

Tom gibt das Startzeichen. „Dann los, die Kirschen warten!"

Im Schrebergarten hat Frau Zwerger schon die Werkzeuge bereitgelegt. Doch die Kinder haben natürlich ganz andere Dinge als Unkrautjäten im Sinn. Ein neuer Fall ist wesentlich spannender als mühsames Buddeln in der Gartenerde.

„Also, was haben wir bis jetzt?", beginnt Benni mit der Detektivbesprechung.

„Es werden Fahrräder aus Kellern geklaut", sagt Karo.

„Und beide Male waren es neue Fahrräder", ist Charly aufgefallen.

„Beide auch Mieringen", nuschelt Michael mit dem Mund voll Himbeeren.

„Stimmt." Benni überlegt. „Das heißt, es muss jemand aus der Gegend sein, der weiß, wer ein neues Rad hat."

Tom nickt. „Echt der Hammer."

„Der Dieb kommt immer nachts", sagt Moritz.

Samuel wiegt den Kopf hin und her wie ein Wackeldackel. „Ich weiß nicht … Ich würde eher sagen, am frühen Morgen. Der Geruch war noch ziemlich frisch."

„Hey, Samuel, lass mal die Zigaretten sehen", fällt Tom bei dem Thema ein.

Samuel kramt sie aus der Tasche. „Kann man die Marke erkennen?", fragt er.

„Da steht was." Tom liest vor: „*Purmall*."

Benni schüttelt den Kopf. „Kenn ich nicht."

„Ich bin mir nicht hundertpro sicher, ob ich wirklich die im Keller gerochen habe", sagt Samuel. „Man müsste wissen, wie sie angezündet stinken."

„Im Gartenhaus sind Streichhölzer", weiß Charly.

„Gib her!", ruft Tom ihr zu. „Ich mach das. Ihr seid ja alle noch zu jung."

„Okay, Opa", sagt Karo trocken.

Tom zündet beinahe fachmännisch die Zigarette an. Als er daran zieht, bekommt er jedoch einen unfachmännischen Hustenanfall.

„Tja, Opa", lacht Charly. „In deinem Alter sollte man das Rauchen lieber bleiben lassen."

„Puh!" Karo rümpft die Nase. „Stinkt wie angebrannte Turnschuhe."

„Hä?" Michael wundert sich. „Wie oft hast du deine Turnschuhe denn schon angezündet?" Aber er muss zugeben, dass der Vergleich gar nicht so verkehrt ist.

Samuel schnuppert an dem frischen Rauch. „Ich bin mir ziemlich sicher: Die Zigarette ist ein Beweismittel", sagt er. „Was meint ihr?"

„Der Rauch ist frisch. Im Keller war er schon ein bisschen abgestanden", sagt Benni. „Aber ich glaube auch, dass es dieselbe Marke ist."

Hustend drückt Tom die Zigarette aus. Er ist etwas blass geworden.

„Also müssen wir jemanden finden, der *Purmall* raucht", stellt Charly fest.

„Was ist denn hier los?" Auweia, Frau Zwerger! Hoffentlich merkt sie nichts. „Ich dachte, ich bringe den fleißigen Arbeitern etwas zu trinken. Aber ihr habt ja noch gar nicht angefangen."

„Wir wollten gerade", behauptet Charly. „Mussten nur noch besprechen, wer was macht."

„Na, dann aber los", sagt Frau Zwerger. „Bald wird es heiß. Ich will nicht, dass ihr einen Hitzschlag bekommt." Während sie zwei Flaschen Limo ins Gartenhaus bringt, wittert sie in der Luft. „Hat hier jemand geraucht?"

„Nö!" – „Ach was!" – „Wir doch nicht!", rufen alle durcheinander.

Charly schwindelt: „Da ist gerade ein Mann mit Zigarette vorbeigelaufen."

„Hm", macht Frau Zwerger nur. „Du schließt nachher ab und bringst den Schlüssel mit", sagt sie noch zu Charly, dann geht sie wieder. Puh, Glück gehabt!

Obwohl das reife Obst den Kindern „Pflück mich! Nasch mich!" zuzurufen scheint, machen sie sich zuerst an die unangenehme Arbeit. Charly beißt sich an einer Löwenzahnwurzel beinahe die eigenen Zähne aus, Michael würde den Brennnesseln am liebsten mit dem Feuerlöscher begegnen, Karo kämpft mit einem unendlich langen Regenwurm, Moritz ermordet mit der Hacke um ein Haar einen riesigen Käfer, Benni verfolgt die Wurzel der Ackerwinde fast bis nach Australien und Samuel bringt den Knöterich zwischen den Gehwegplatten mit einem grausamen Angriff zur Strecke.

Zum Glück kann man nebenher noch reden. „Was ist nun mit dem Namen für unsere Bande?", fragt Tom.

„Die Unkrautvernichter", ächzt Benni.

„Grmpf", macht Michael. „An die fiesen Pflanzen hier will ich nicht dauernd erinnert werden."

„Die sieben Schlauköpfe", schlägt Charly vor.

Karo überlegt: „Vielleicht was mit Keller. Weil wir bisher immer dort gesucht haben."

„Stimmt", bestätigt Charly. „Beide Male haben wir da herumgeschnüffelt."

„Genau!" Samuel schnuppert. „Geschnüffelt."

„Die Schnüffler!", jubelt Moritz. „Detektive nennt man doch auch Schnüffler."

„Schnüffler. Im Keller", murmelt Tom.

Und da fällt ihnen der Name ein, beinahe gleichzeitig: „Die Kellerschnüffler!"

Endlich haben sie einen Namen für die Bande gefunden. Vor lauter Freude geht die Arbeit jetzt ruck, zuck von der Hand. Und noch schneller sind danach Kirschen und Himbeeren gepflückt und zur Hälfte aufgefuttert.

10. Kapitel
Diebe und Spuren verduften

„Also, Kellerschnüffler, wir müssen uns wieder aufteilen", bestimmt Tom bei ihrer Besprechung am Nachmittag. „Ganz Mieringen muss noch mal auf den Kopf gestellt werden."

„Auf den Kopf?", prustet Benni. „Dächer nach unten und Keller nach oben?" Alle lachen.

„Ich geh jedenfalls wieder schnüffeln", beschließt Samuel. „Benni, hilfst du mir?"

Benni hat zwar keine Ahnung, was Samuel genau vorhat, sagt aber: „Okay."

„Gibt es noch Verdächtige, die wir beschatten sollten?", fragt Tom in die Runde.

Charly zuckt mit den Schultern. „Ingo?"

„Glaub ich eher nicht", sagt Benni. „Aber vielleicht der alte Fritz mit dem Hinkebein. Der hat seit seinem Unfall auf der Baustelle keinen Job mehr."

„Oder die Türkenjungs von der Südseite", meint Michael. „Die klauen doch wie die Raben. Der Hassan hat mir mal einen nagelneuen Bleistift stibitzt."

Karo zieht ein Gesicht wie ein tollwütiges Gorillaweibchen. „Du tickst wohl nicht mehr richtig", fährt sie Michael an. „Deshalb kannst du doch nicht alle verdächtigen!"

Benni zuckt mit den Schultern. „Manche sind voll okay, manche sind Idioten. Wie überall."

„Der Erkan aus meiner Klasse ist echt nett", sagt Moritz.

„Na ja", meint Tom. „Wir sollten die schon mal abchecken."

„Einmal Dieb, immer Dieb", ist Michael überzeugt.

„Habt ihr sie noch alle?", kreischt Karo empört.

Charly schaut Michael streng in die Augen. „Hast du Engelchen etwa noch nie was gemopst?"

„Nein." Michael schüttelt energisch den Kopf. „Nie."

Moritz verschränkt die Arme. „Du hast mir mal meine Schokolade weggefuttert, ohne zu fragen!"

Ups, daran hat Michael wohl nicht mehr gedacht. „Trotzdem", brummt er nur noch.

Diesmal suchen Karo und Charly zusammen mit Moritz auf der Südseite. Insgeheim hofft Karo, zufällig Devin zu treffen. Kein einziges Mal hat er sie angerufen oder eine SMS geschickt, obwohl sie seit Tagen ihr Smartphone anfleht, dass es eine Nachricht von ihm ausspucken soll.

Tom und Michael klappern diesmal den Norden ab. Beide Diebstähle sind hier verübt worden, vielleicht wohnt auch der Täter in nächster Umgebung.

Benni begleitet Samuel, der anscheinend schon einige Ideen hat, was zu tun ist. „Zuerst möchte ich zu Nora", sagt Samuel. „Wir sollten noch mal im Keller schnüffeln."

Zum Glück ist das Mädchen gerade im Garten, als sie ankommen. Neugierig beobachtet Nora den Jungen mit der Sonnenbrille, der nun sogar in den dunklen Keller tappt, ohne das Licht anzuschalten.

„Der sieht doch gar nichts", flüstert sie Benni zu.

„Stimmt", gibt Benni leise zurück. „Er ist blind." Dann schaltet er das Licht an und geht seinem Freund hinterher. „Samuel, warte. Du musst weiter nach rechts", dirigiert er seinen Freund und schiebt ihn vorsichtig in die richtige Richtung.

Noras Mund bleibt offen stehen. Mit großen Augen beobachtet sie den blinden Jungen. Dabei fällt ihr ein, was für große Angst sie hatte, als einmal nachts der Strom ausgefallen ist und die Wohnung schrecklich dunkel war.

„Der Geruch ist schon so gut wie verflogen", stellt Samuel fest. „Versuch trotzdem mal, dir das Rasierwasser einzuprägen."

Benni schnuppert rund um den Tatort. „Ich kann kaum noch was riechen. Doch, Motoröl. Und Äpfel müssen irgendwo sein."

„Ja, der Geruch vom Dieb ist leider beinahe verduftet", bestätigt Samuel.

Benni nickt. „Genau. Die Spuren sind verduftet. Und der Dieb auch."

Samuel grinst. „Ja. Aber wir Schnüffler werden seiner Spur trotzdem folgen. In welchem Laden kann man Rasierwasser kaufen?"

„In der Drogerie", sagt Benni.

Stumm beobachtet Nora die Jungen. Der Blinde hat sich beim anderen untergehakt. Gemeinsam gehen sie den Weg entlang, wobei der blinde Junge immer einen halben Schritt hinter dem anderen bleibt. Dann steigen die zwei auf ein komisches Fahrrad mit zwei Sätteln. Sogar als sie längst verschwunden sind, schaut sie ihnen noch hinterher.

Auf dem Weg zum Drogeriemarkt fahren die beiden Jungen bei Benni vorbei. Dort holen sie einige Butterbrottüten und Papiertaschentücher.

„Mein Papa hat Geburtstag. Ich will ihm Rasierwasser schenken", behauptet Benni in der Drogerie. „Wir wollen einfach mal sehen, was es so gibt."

Die beiden haben großes Glück: Es gibt viele Tester, an denen man riechen oder sogar etwas von dem Wässerchen versprühen kann.

Benni hält seine Nase an die erste Spraydüse. „Du musst sie mir in die Hand geben", sagt Samuel. „Nicht, dass ich aus Versehen das Regal leerräume wie ein Elefant im Porzellanladen."

Benni reicht die Flasche an seinen Freund weiter. Samuel schnüffelt, schüttelt den Kopf und gibt sie wieder zurück.

Weiter geht es mit dem zweiten Tester. „Igitt!" Benni rümpft die Nase. „Das stinkt wie Katzenpisse."

„Und das wie alte Schuhcreme", behauptet Samuel bei der nächsten Geruchsprobe.

Bei Schnüffeltest Nummer fünf bleibt Samuel länger hängen. „Das könnte es sein. Was meinst du?"

Riecht ein wenig nach Zitrone. Benni ist sich nicht sicher. Aber er schreibt den Namen des Rasierwassers auf einen Zettel, sprüht kräftig auf ein Papiertaschentuch und packt das Ganze in einen Frühstücksbeutel. Den verschließt er gut, damit der Geruch nicht so schnell verduftet wie der Fahrraddieb. Dasselbe macht er bei Stinkwässerchen Nummer neun.

Nach einigen Minuten kommt die Verkäuferin mit strengem Blick und noch strengerem Ton auf sie zu. „Sagt mal, was macht ihr da eigentlich?"

„Wir sind uns noch nicht sicher, was zu meinem Papa passt", behauptet Benni. „Deshalb wollten wir ein paar Gesta…, äh, Duftproben mitnehmen."

„Na, so geht das ja nicht", mosert die Frau. „Entweder ihr kauft jetzt was oder ihr verschwindet – und zwar sofort!"

Zum Glück kommt in dem Moment eine Kundin, die dringend Rat bei Mitteln gegen Hühneraugen braucht. Die Verkäuferin wirft den Jungen noch einen bösen Blick zu, geht dann aber mit der Frau zu einem weit entfernten Regal. So können die zwei Kellerschnüffler schnell ihre Arbeit erledigen.

Irgendwann kann man die Wässerchen kaum noch unterscheiden. Nummer 13 ist die letzte Flasche, davon kommt auch ein besprühtes Taschentuch in die Tüte.

Geschafft! Drei Rasierwasser sind in der engeren Wahl. Die beschrifteten Duftproben steckt Benni in die Tasche. Dann schielt er zu der Verkäuferin. Die ist immer noch mit Hühneraugen beschäftigt. Benni hält eine Flasche in Kopfhöhe, zielt auf Samuel und drückt ab.

„Bäh, du Fiesling!", schimpft Samuel. Der hat noch das 13. Rasierwasser in der Hand. „Das gibt Rache! Stinkbombenattacke!" Er drückt auf den Zerstäuber. Weil er nicht genau weiß, wo Benni steht, sprüht er wild um sich.

„Pfui Spinne!" Benni verzieht das Gesicht.

„Was ist denn da hinten los?", hallt die Stimme der Verkäuferin durch den Laden.

Benni stellt in aller Eile die Flaschen ins Regal. Dann greift er nach Samuels Arm und sie fliehen so schnell es geht aus der ekelhaft nach verschiedenem Rasierwasser stinkenden Drogerie.

Für halb sechs haben sich die Kellerschnüffler auf dem Spielplatz verabredet. Benni und Samuel sind schon etwas eher da. Sie lassen sich auf eine Bank fallen. Ein Stück weiter sitzt eine Frau. Mit verkniffenem Mund schaut sie zu den Jungen, schnuppert, rümpft die Nase, zerknittert das Gesicht, schüttelt den Kopf und nimmt Reißaus zu der am weitesten entfernten Bank.

Bald darauf kommen Tom und Michael. „Boah, was stinkt denn hier so?", stöhnt Tom bereits am Eingang. „Wie diese Teile im Pinkelbecken."

„Und wie Mückenspray", fügt Michael mit angeekeltem Gesicht hinzu.

Angewidert schnuppernd gehen die beiden auf Benni und Samuel zu. „He, das seid ja ihr!", stellt Tom entsetzt fest. „Benni, du miefst wie ein Kaufhausklo."

Bevor die beiden Stinkbomben etwas zu ihrer Verteidigung sagen können, kommen die Mädchen und Moritz. „Oh Mann, was ist das für ein widerlicher Gestank?", ächzt auch Charly.

„Wie Kloreiniger", meint Karo und hält sich die Nase zu.

Moritz macht ein Gesicht, als hätte er eine Flasche Essig getrunken.

„Seid ihr das etwa?", wendet sich Charly an die Schuldigen.

„Arbeit erfordert eben Opfer", verteidigt sich Benni.

„Puh, da müsst ihr aber eine Menge gearbeitet haben", stöhnt Karo und fächelt sich Luft zu.

Benni und Samuel bleiben auf der Bank sitzen, die anderen hocken sich in gebührendem Abstand auf ein Fleckchen Wiese. „Also, irgendwas Neues?", fragt Tom in die Runde.

„Wir haben drei Rasierwasserproben in der engeren Auswahl", berichtet Samuel. „Bin mir noch nicht sicher."

„Bitte nicht noch ein Test!", keucht Karo. „Außerdem: So wie ihr hat's im Keller auf jeden Fall nicht gestunken." Samuel schnuppert an Benni und schüttelt sich. „Stimmt. Nummer 13 ist gestrichen. Bleiben nur noch zwei."

„Und bei euch? Fall gelöst?", fragt Benni in die Runde.

„Nö", sagt Charly. „Wir haben in jeden Schuppen und Garten gelinst, aber die Räder sind wie vom Erdboden verschluckt."

„Bei uns war auch Fehlanzeige", berichtet Tom.

„Habt ihr bei den Türken genau geschaut?", fragt Michael die Mädchen.

„Jetzt hör mal damit auf", fährt Karo ihn an. „Wieso meinst du immer, die könnten was damit zu tun haben?"

„Und warum nimmst du sie immer in Schutz?", wettert Michael zurück.

„Dein geliebter Devin veräppelt dich doch auch bloß", setzt Tom die Lästerei fort. „Zuerst macht er dir schöne Augen, dann lässt er dich hängen."

„Hat er mal angerufen?", fragt Samuel.

Karo schüttelt den Kopf.

„Karo, hat er mal angerufen?", fragt Samuel wieder.

Karo schüttelt den Kopf.

„Ähm, falls du nickst, den Kopf schüttelst oder Ähnliches, kann ich das leider nicht sehen", erinnert Samuel sie.

„Hat er nicht", murrt Karo. Traurig schaut sie auf den Boden. „Wird schon irgendeinen Grund haben", ergänzt sie, aber es klingt nicht sehr überzeugt.

Ein Lied aus den Charts reißt Karo aus ihren trüben Gedanken. Sie zerrt ihr Handy aus der Tasche, schaut

aufs Display und ihr Gesicht leuchtet wie ein Weih-
nachtsbaum. „Hallo Devin! Warum hast du dich nicht
gemeldet? – Weg? Ach so. – Jetzt? Ja, ich bin gerade auf
dem Spielplatz. – Bis gleich!" Überglücklich steckt sie ihr
Smartphone wieder ein und erklärt: „Devin war verreist.
Er kommt gleich."

Karo sortiert ihre Haare und zupft ihr Shirt zurecht.
Charly verdreht stumm die Augen.

Die Kellerschnüffler sind kaum fertig mit ihren Kurz-
berichten von der Ermittlungsarbeit, da taucht schon
Devin mit einigen Kumpels auf. „Hi!", ruft er bereits von
Weitem. Bei jedem Schritt, den er näherkommt, verzerrt
sich sein Gesicht stärker zu einer Grimasse. „Boah!",
stößt er schließlich aus. „Hier stinkt's ja krass! Wie eine
Mischung aus verpisstem Lokus und Fliegenkiller."

Karo deutet lachend in Richtung Bank. „Das sind die
beiden Stinkstiefel da drüben." Dann schaut sie Devin
fragend an. „Wo warst du? Wieso hast du nicht angerufen?"

„Oh Mann!" Devin rauft sich seine schwarzen Haare,
danach sieht er aus, als wäre er eben aus dem Bett gekrochen. „Ich war ein paar Tage mit meinen Kumpels bei
einem Onkel. Der hat 'ne Hütte an 'nem See, hundert
Kilometer von hier. Und ich Schrumpfbirne hab doch
glatt mein Handy zu Hause vergessen! Wir sind eben erst
heimgekommen und da hab ich die 17 Nachrichten von
dir gefunden."

Karo bekommt einen tomatenroten Kopf. Musste
Devin das so laut rausposaunen? Die anderen grinsen
auch schon ganz komisch, wenn man von Charlys Fins-
termiene absieht.

„Sollen wir mal zusammen Eis essen?", fragt Devin mit tiefem Blick in Karos Augen.

„Klar!" Knallrot und aufgeregt, aber trotzdem überglücklich verabredet sie sich mit ihm für den nächsten Nachmittag, ohne dabei an die laufenden Ermittlungen zu denken.

Als Devin mit seinen Kumpels verschwunden ist, hat Karo immer noch einen ganz verklärten Blick. Im Gegensatz zu Charly, die aussieht wie eine Gewitterwolke.

„Wisst ihr, was das bedeutet?", fragt Benni.

„Sie waren zur Tatzeit nicht da", antwortet Samuel.

„Devin ist unschuldig", sagt Moritz.

„Ja!" Karo grinst bis hinter die Ohren. „Devin und seine Freunde können es nicht gewesen sein."

Michael zuckt mit den Schultern. „Dann eben nicht."

„Echt ätzend. Wir haben immer noch keine Spur", stöhnt Tom. „Was machen wir jetzt?"

Benni steht auf. „Ich geh duschen."

„Ich auch", sagt Samuel.

„Oh ja, bitte geht schnell!", sagen die anderen.

Noch lange nachdem Samuel und Benni verschwunden sind, hängt eine mörderische Duftwolke nach WC-Stein, gemischt mit Mückenspray in der Luft. Sogar Dackel Waldemar, der seine Geschäfte sonst gern im Sandkasten verrichtet, sucht an diesem Abend entsetzt das Weite.

11. Kapitel
Schnüffelei bei Nummer drei

In der Nacht haben sich Wolken zusammengebraut. Nun hängen sie als schwere, schwarze Einheit über der Stadt und schütten sich aus über den erhitzten Straßen und ausgedörrten Wiesen.

Da die Ermittlungen der Kellerschnüffler ohnehin gerade in einer Sackgasse stecken, hat Tom ihr Treffen abgeblasen.

Benni sitzt mit Samuel und Frodo auf der Matratze und hört endlich die Krimi-CD fertig. Im Hörspiel ist der Friseur, den alle im Ort für freundlich und ehrlich gehalten haben, der Autodieb. Er hat die geklauten Karren im Ausland verscherbelt, um seine Schulden bezahlen zu können.

„Vielleicht ist unser Fahrraddieb auch jemand, den man gar nicht verdächtigen würde", überlegt Benni.

„Daran hab ich auch schon gedacht", sagt Samuel. „Wo würde er die Bikes dann verkaufen?"

„Hm. Ein Zettel im Supermarkt? Nein, das fällt auf. Zeitungsanzeige geht auch nicht, die lesen ja die Leute aus der Gegend. Vielleicht übers Internet."

„Genau! Er könnte sie versteigern." Samuel geht zu seinem Schreibtisch und startet sein Notebook.

Benni wundert sich mal wieder, wie sicher sich Samuel in seinen eigenen vier Wänden bewegt. Solange er geführt wird, klappt es draußen aber auch ganz gut. Die beiden sind schon ein eingespieltes Team.

Samuel öffnet die Seite eines großen Internet-Auktionshauses. Gemeinsam gehen sie auf die Suche. „Fahrrad" geben sie ein. Diesmal lässt Samuel seinen Freund vorlesen, das ist im Moment praktischer als das monoton herunterrasselnde Computerprogramm.

„Auweia. Das sind über hunderttausend Angebote", stöhnt Benni.

„Wir fangen am besten mit Justins Rad an", schlägt Samuel vor. „Rennrad, 30 Gänge, weiß, mit blauer Schrift und blauem Lenker", erinnert er sich.

Bei „Rennrad" werden nur noch zehntausend Ergebnisse ausgespuckt, bei gebrauchten noch deutlich weniger. Sie geben Marke, Farbe und Gänge ein, schon sind es nur noch ein paar Artikel. Benni schaut die Fotos durch. Bei dreien passen Bild und Beschreibung. Eines wurde schon eingestellt, bevor Justins Rad gestohlen war. Das zweite kommt von einem Händler. Ob er vielleicht krumme Geschäfte macht? Das dritte Rad ist „so gut wie neu" und soll beinahe achthundert Euro kosten. Es wird versteigert von einer Privatperson aus einer zweihundert Kilometer entfernten Stadt. Also doch niemand von hier?

Benni ist ein bisschen enttäuscht. „Schade, hätte ja sein können." Da kommt ihm ein Gedanke. „Mal sehen, was die beiden sonst noch verhökern wollen."

Der Fahrradhändler hat noch einige fabrikneue Räder und Zubehör in der Liste. Der Privatmensch aus der anderen Stadt ein „süßes Mädchenfahrrad, pink".

„Nee, oder?", staunt Benni. Als er das Foto vergrößert, kann er sogar die Pferdebilder erkennen.

Samuel ist sich sicher: „Das kann kein Zufall sein. Wie heißt der Verkäufer?"

Benni liest vor: „Dunkelkammer-02."

„Dunkelkammer?!", rufen beide gleichzeitig aus.

Samuel überlegt: „Ein Keller ist dunkel. Also, wenn du mich fragst: An so viele Zufälle glaube ich nicht."

„Was machen wir jetzt?", grübelt Benni. „Sollen wir zur Polizei gehen? Oder zu Justin und Nora?"

„Wie lange laufen die Auktionen noch?", fragt Samuel.

„Fünf und sieben Tage", sagt Benni.

Samuels Augen schielen zur Decke. „Zur Polizei können wir immer noch. Wir sollten vorher mit den anderen sprechen."

„Stimmt. Am besten rufst du sie gleich mal an."

Samuel holt sein Handy aus der Hosentasche. „Taste zwei, Kontakte", sagt eine Frauenstimme. Dann liest sie die Namen vor. Als sie „Karo" sagt, lässt Samuel die Nummer anwählen.

Karo hat heute natürlich keine Zeit, sie ist ja mit Devin verabredet. Michael weiß, dass Tom wieder auf Lilly aufpassen muss. Also treffen sie sich morgen früh um halb zehn, diesmal bei Samuel. „Ich muss euch nämlich etwas Wichtiges zeigen", sagt er geheimnisvoll.

Zum Glück hat der Regen wieder aufgehört. Am nächsten Morgen scheint die Sonne auf die frisch gewaschene Stadt.

Samuel atmet gerade am Fenster den Geruch von feuchter Gartenerde ein, als er bekannte Fahrräder und Stimmen hört. Tom radelt vorneweg, der Klang seiner klapprigen Quietschgurke ist unverkennbar.

Frau Frey freut sich, dass so viele Kinder aus Mieringen ihren Sohn besuchen. Früher kamen nur selten mal Klassenkameraden aus der Sehbehindertenschule bei ihm vorbei.

Benni kennt sich in Samuels Zimmer ja schon aus, aber die anderen schauen sich neugierig um. Alle außer Michael, der ist nicht dabei. „Wahrscheinlich futtert er das fünfte Frühstücksei", vermutet Charly.

Moritz überlegt einen kurzen Moment, ob er noch Angst hat vor Frodo. Er entscheidet sich für „nein", setzt sich zu dem Schmuseköter auf die Matratze und knuddelt das weiche Fell.

Natürlich muss Samuel mal wieder seinen Computer mit der Sprachausgabe und vor allem die Braillezeile erklären, die normale Schrift in tastbare Punktschrift umwandelt.

„Stark!", findet Tom. „Ich hab nicht mal einen popligen Computer."

„Ihr wolltet uns was zeigen", erinnert Karo die beiden Jungen.

„Ja, den Täter", sagt Samuel.

„Den Täter?", rufen die anderen erstaunt aus.

„Na ja, sozusagen", erklärt Benni. „Er nennt sich Dunkelkammer-02."

„Dunkelkammer?!", rufen wieder alle.

Samuel lacht. „Cooler Chor!" Dann öffnet er den Browser und zeigt den anderen Kellerschnüfflern die verdächtigen Auktionen.

Charly macht große Augen. „Ich glaub, mein Schwein pfeift!"

„Hammerhart!", staunt Tom.

Da klingelt es. Kurz darauf stürmt Michael ins Zimmer. „Leute, kommt schnell!", drängt er. „Ein neuer Fall!"

„Was, schon wieder?", wundert sich Benni.

Zehn Minuten später sind sie vor Ort. „Vorhin war die Polizei da", berichtet Michael. „Da hab ich kurz mal gehorcht. Heute Nacht ist ein nagelneues Mountainbike aus dem Keller gestohlen worden."

Diesmal werden sie nicht ins Haus gelassen. Es ist nämlich keiner da.

„Vielleicht gibt's ein Kellerfenster", überlegt Moritz.

„Super Idee", lobt Tom und klopft Moritz auf die Schulter. Zusammen schleichen die beiden ums Haus.

Kurz darauf erscheint Moritz wieder beim Eingang. „Ein Fenster ist gekippt", flüstert er und winkt den anderen zu, dass sie ihm folgen sollen.

Alle huschen davon. Alle außer Samuel. Ihn haben sie mal wieder vergessen.

Verwirrt steht er da, dreht nervös den Kopf, lauscht. Rufen geht nicht, sonst wird die halbe Nachbarschaft auf ihn aufmerksam. Die anderen sind nach rechts gegangen, dann um die Ecke. Er muss sie suchen. Den Stock hat er nicht dabei, also muss er sich ohne Hilfsmittel vorwärtstasten. Zuerst nach rechts. Er streckt die Hände nach vorn und geht einige Schritte. Da spürt er einen leichten Windhauch von links. Und der Klang seiner Schritte hört sich jetzt anders an, die Hausmauer scheint zu Ende zu sein. Also abbiegen. Er tritt auf Gras. Dann wieder Steinboden. Vermutlich eine Terrasse, es klingt nach großer Fensterfront. Zielstrebig geht er weiter.

Sein Fuß berührt etwas – ohrenbetäubendes Scheppern durchdringt die Stille! Erschrocken bleibt Samuel stehen wie eine Wachsfigur. Eine heftig schnaufende Wachsfigur mit Herzklopfen.

„Was machst du denn für einen Lärm?", zischt Michael ihm zu. „Das war ein Grill."

„Ich … ich …" Samuel schluckt. Er könnte schreien. Meistens kommt er gut zurecht mit der ständigen Dunkelheit. Aber manchmal hasst er sie, beneidet die anderen um ihre sehenden Augen. Er beißt die Zähne zusammen, will nicht heulen, nicht schreien, zwingt sich dazu, ruhig zu atmen.

„'tschuldigung", wispert Michael und greift nach Samuels Hand. „Hab nicht nachgedacht. Komm. Moritz hat das Fenster aufbekommen. Die anderen sind schon alle im Keller."

Samuel zittert noch ein bisschen, als er sich durch die schmale Luke quetscht.

„Mist! Ich hab dich vergessen. Tut mir leid, Samuel", raunt Benni ihm zu. Zusammen mit Tom hilft er dem blinden Jungen einzusteigen.

„Schon gut", behauptet Samuel. „Lasst uns schnüffeln."

Karo leuchtet wieder mit ihrem Smartphone, was jedoch nicht besonders viel Licht in den großen Keller bringt. Schnuppernd tasten sie sich durch den kühlen Raum.

„Da riecht's wieder ein bisschen nach Rauch", meint Charly.

„Und irgendwie zitronig", fällt Karo auf.

Samuel schnüffelt wie ein Hund, der eine Fährte sucht. „Benni, hast du die Geruchsproben dabei?", fragt er.

Zum Glück hat Benni dieselbe Hose an wie vor zwei Tagen, und die Tüten sind noch in seiner Tasche. „Hier sind sie."

Samuel nimmt noch einen tiefen Atemzug. „Karo, präg dir den Geruch ein", sagt er zur zweitbesten Nase.

Benni öffnet die erste Tüte.

„Bäh! Das ist der Kloreiniger", stellt Charly fest.

Dann kommt die zweite Probe dran.

„Ich würde sagen, das ist es", meint Samuel.

Karo schnuppert. „Stimmt!"

Zur Sicherheit riechen sie noch an Papiertaschentuch Nummer drei, aber Samuel und Karo sind sich einig: Nummer zwei ist der Volltreffer.

„*Gentlemen fresh*", entziffert Benni im schwachen Licht von Karos Handy.

Auf einmal hören sie empörtes Geschrei. „Was ist denn hier los? Was machst du da?", wettert ein Mann.

Beim Blick zum Fenster sieht Benni zwei Beine, die hilflos strampeln, und Tom, der versucht, sie reinzuziehen. Michael steckt im Kellerfenster fest!

„Du kommst sofort da raus! Und ich werde gleich mal die Polizei rufen, dass der Täter gefunden ist."

„Der Täter? Ich bin kein Täter", wimmert Michael.

Irgendwann werden die Beine kürzer, dann verschwinden sie nach oben. „Ich ... ich ... also ... ich hab nur meine Katze gesucht", stammelt Michael. „Ich dachte, die wär in den Keller abgehauen."

„Und das soll ich dir glauben?" Der Mann klingt unsicher. Ein Gesicht erscheint am Fenster. „Sind da etwa noch mehr? Na, jetzt rufe ich auf jeden Fall die Polizei."

„Nein, nein, das sind meine Freunde. Die helfen mir beim Suchen."

„Mimi!", ruft Moritz geistesgegenwärtig. „Mimi – hicks! Wo bist du?"

Eine Minute später ist der Mann an der Kellertür und schaltet das Licht ein. Der Reihe nach schaut er die Kinder an. Bei Charly bleibt er hängen. „Dich kenne ich", sagt er. „Du spielst Fußball in der Mannschaft von Malte."

Charly nickt. „Guter Spieler!" Sie schluckt. „Wir wollten nur hier suchen." Ist nicht gelogen. Wonach, verrät sie aber nicht.

Der Mann überlegt. Endlich sagt er: „Wenn was fehlt, seid ihr dran. Und jetzt: Macht, dass ihr fortkommt. Aber dalli!"

Er hat das „dalli" kaum ausgesprochen, da drängen die Kinder schon durch die Tür nach draußen. Diesmal denkt Benni an seinen Freund. „Stufe hoch", sagt er und sieht aus dem Augenwinkel, wie der Mann verwundert den Kopf schüttelt.

„Michael, das war echt stark", lobt Tom auf dem Rückweg. „Die Idee mit der Katze war cool."

Michael grinst und zuckt mit den Schultern. „Zum Glück hat er's geglaubt. Moritz hat ja auch gleich mitgespielt."

„Gehen wir noch mal zu mir?", schlägt Samuel vor. „Dann können wir Fakten sammeln."

Samuels Mutter bringt Kekse und kalten Zitronentee. So lassen sich die Fakten noch besser sammeln. Niemand mosert darüber, dass Michael die Hälfte der Kekse in sich hineinschlingt, als hätte er seit Tagen nichts gegessen. Die hat er sich heute redlich verdient. Und alle staunen, wie Samuel sich allein den Tee eingießt. Am Rand steckt er den Zeigefinger ins Glas. So spürt er, wann es voll ist.

Karo zieht die Stirn in Falten. „Schon der dritte Diebstahl in kurzer Zeit", stellt sie fest.

„Wird Zeit, dass wir den Mistkerl schnappen", schimpft Tom. „Sonst gibt es in Mieringen bald keine Fahrräder mehr."

„Was wissen wir bis jetzt?", fragt Benni. Gemeinsam sammeln sie ihre Untersuchungsergebnisse.

Samuel tippt sie in seinen PC:

Fahrraddiebstähle Mieringen – Ermittlungsstand der Kellerschnüffler
- *Dieb stiehlt immer neuwertige Fahrräder*
- *Tatorte: Keller in Mieringen-Nord*
- *Tatzeitpunkt: nachts oder am frühen Morgen*
- *Täter raucht Zigaretten Marke Purmall*
- *ist vermutlich männlich*
- *benutzt Rasierwasser Gentlemen fresh*
- *verkauft das Diebesgut im Internet*
- *benutzt dazu den Namen Dunkelkammer-02*

„Wohnt zweihundert Kilometer entfernt", diktiert Benni.

„Kann sein", überlegt Samuel. „Vielleicht ist das aber auch nur ein Trick. Oder ein Hehler verscherbelt die Beute."

„Hm." Benni kratzt sich am Kopf. „Gut möglich."

Tom fasst zusammen. „Also ein Typ, der das Rasierwasser benutzt, die Zigaretten qualmt, Internet hat und ein Rad aus dem Keller schleppen kann."

„Künftig wird jedem Raucher auf die Kippen geschaut", sagt Charly.

Karo grinst. „Und danach am Hals geschnüffelt."

„Sollen wir das mit der Auktion der Polente melden?",
fragt Benni.

„Wieso?", fragt Tom. „Sollen die doch selber rausfinden."

„Ich weiß nicht recht …" Karo schaut zweifelnd in die Runde.

„Dann können sie ihn vielleicht schnappen", meint auch Moritz. „Wie sollen wir denn herausfinden, wer hinter Dunkelkammer-02 steckt?"

„Die erste Auktion endet in vier Tagen", sagt Samuel. „Ich würde vorschlagen, wir warten noch drei Tage. Wenn wir bis dahin nichts rausgefunden haben, gehen wir zur Polizei."

Die Idee finden alle gut. Mit etwas Glück und guten Nasen können sie den Fall vielleicht doch noch selbst lösen.

12. Kapitel
Mächtig verdächtig

Am Nachmittag wollen sie noch einmal alle Fakten durchsprechen und beratschlagen, wie sie weiter vorgehen können. Treffpunkt ist diesmal der Schrebergarten von Charlys und Moritz' Opa.

Als Benni zu Samuel kommt, um ihn abzuholen, rast gerade ein Auto durch dessen Zimmer. Zumindest hört es sich so an.

„Arbeitest du an deinem Hörspiel?", fragt Benni.

„Ja", sagt Samuel. „Hab eben noch ein paar coole Geräusche gefunden. Bald ist mein Krimi fertig." Er schaltet den Computer ab, gibt Frodo ein Leckerli und macht sich dann mit Benni auf den Weg.

Charly und Moritz sind schon im Garten und pflücken ein paar Himbeeren, die in den letzten Tagen nachgereift sind.

Karo kommt als Letzte. „Oh Leute, hoffentlich haben wir den Dieb bald", stöhnt sie. „Das Rad jeden Tag rauf in den dritten Stock und wieder runterzuschleppen ist ganz schön anstrengend. Vor allem, wenn auch noch die alte Frau Stürmer gerade die Treppe runterkriecht."

„Aber echt", sagt Michael. „Ich nehm mein Rad jetzt auch immer hoch in mein Zimmer. Ist ja noch ziemlich neu." Um wieder zu Kräften zu kommen, holt er ein paar Kirschen vom Baum.

„Meine alte Gurke nimmt keiner freiwillig", ist Tom überzeugt. „Endlich hat meine Klapperkiste mal einen Vorteil."

„Hoffentlich klaut der Dieb nicht Samuels Tandem", sagt Moritz und wirft eine wurmige Himbeere in Nachbars Garten.

„Glaub ich nicht", sagt Benni. „Der Dieb geht nur in Mehrfamilienhäuser mit Treppenhaus und Gemeinschaftskeller. Bei Samuel muss man in die Wohnung, um in den Keller zu kommen. So wie bei mir."

„Stimmt! Gut beobachtet", lobt Samuel. „Muss ich gleich nachher bei unseren Ermittlungsergebnissen nachtragen."

„Die Tür ist immer aufgebrochen worden", erinnert sich Charly. „Der Dieb hatte also keinen Schlüssel und keinen Dietrich."

„Aber … was ist mit der Haustür?", wundert sich Moritz.

„Du hast recht." Benni macht ein nachdenkliches Gesicht. „Die Haustüren waren nicht geknackt."

Tom lässt einen erstaunten Pfiff hören. „Hammer!"

„Wir könnten vor allen Mehrfamilienhäusern in Mieringen-Nord Wache schieben", schlägt Charly vor. „Obwohl – das sind zu viele Häuser."

„Nur, wo jemand im Haus ein neues Fahrrad hat", sagt Benni. Er wirft eine Kirsche in die Luft und fängt sie mit dem Mund auf. Sekunden später flitzt der Kirschkern knapp an der Glatze eines Mannes vorbei, der seinen Hund Gassi führt.

Tom zuckt mit den Schultern. „Woher sollen wir das wissen? Wir können ja nicht jeden fragen, ob er ein neues Fahrrad im Keller hat."

„Wieso nicht?", fragt Karo.

„Und dann die ganze Nacht draußen auf der Straße auf der Lauer liegen? Nee danke", sagt Michael.

„Wir wissen auch gar nicht, ob der Dieb noch mal zuschlägt", gibt Samuel zu bedenken.

„Und selbst wenn, dann haben wir null Ahnung, in welcher Nacht", fügt Benni hinzu.

„Ihr seid nur zu feige", grummelt Charly.

„Also, jetzt hab ich jedenfalls keine Zeit", sagt Karo nach einem Blick auf ihr Smartphone. „Wann ist das nächste Treffen?"

Charly verdreht die Augen und murmelt irgendetwas, das wie „Knutschalarm" klingt. Tom sagt, er müsse auf Lilly aufpassen. Michael geht mit seiner Oma einkaufen und Benni muss ein bestelltes Buch abholen.

„Morgen soll es wieder heiß werden. Wie wär's mit Blinkersee?", fragt Karo. „Wir könnten die nächste Besprechung dorthin verlegen."

„Okay, um zehn auf unserer Wiese", sagt Tom. „Morgens gibt's noch viele freie Plätze." Und schon scheppert er davon.

„Kommst du noch schnell mit zum Buchladen?", fragt Benni, als er mit Samuel auf dem Tandem sitzt.

„Wieso? Willst du mir was vorlesen?"

„Meinetwegen", meint Benni. „Wenn es keine rosa glitzernde Prinzessinnengeschichte sein muss …"

Benni kettet das Tandem am Fahrradständer vor dem *Bücher-Wurm* an. Wie gewohnt greift Samuel Bennis Ellenbogen, dann gehen sie in den Laden. Als sie eintreten, bimmelt eine Ladenglocke.

Herr Wurm kommt hinter einem Vorhang hervor, der zu seiner Wohnung führt. „Ah, hallo Benni", grüßt er freundlich und geht hinter die Ladentheke. „Du willst den neuen Fantasyroman abholen. Hier ist er." Er greift in das Regal hinter sich und zieht ein Buch heraus. „Macht 12,90 Euro."

Benni legt einen 20-Euro-Schein auf den Tresen, nimmt sein Buch und steckt das Wechselgeld in die Tasche.

Herr Wurm beobachtet aus dem Augenwinkel Bennis Begleiter, den er noch nie in seinem Laden gesehen hat. Der Junge mit der neongrünen Sonnenbrille bewegt sich etwas merkwürdig, vor allem den Kopf, und er schnuppert beinahe wie ein Hund.

„Viel Spaß", wünscht Herr Wurm, als die Jungen den Laden verlassen.

„Mensch, hast du das gerochen?", raunt Samuel seinem Freund zu.

„Nein, was?" Benni kramt nach dem Schlüssel.

„Das Rasierwasser!", sagt Samuel. „Der Buchhändler benutzt *Gentlemen fresh*. Allerdings ist er Nichtraucher. Obwohl ein bisschen *Purmall*-Gestank im Laden hängt. Kann aber von einem Kunden sein."

„Hm." Benni wollte eben die Fahrradkette aufschließen, jetzt lässt er sie wieder los. „Da muss ich doch glatt noch mal schnüffeln gehen."

„Na, noch was vergessen?", fragt Herr Wurm lächelnd, als die beiden wieder in den Laden kommen.

„Ja", sagt Benni. Er lässt schnell den Blick schweifen, um zu sehen, was in der Nähe der Kasse steht. Kochbücher sind im Sonderangebot. „Meine Mutter hat bald Geburtstag. Vielleicht schenke ich ihr ein Kochbuch."

Gerade als er das Buch *Fröhlich backen mit Kichererbsen* durchblättert, öffnet ein Mann die Tür. Er tritt noch schnell eine Zigarette aus, schaut dabei neugierig zu Samuels Tandem, dann kommt er in den Laden. Wie Herr Wurm trägt er eine Brille und sieht ihm auch sonst ein bisschen ähnlich.

„Hallo Friedebert", grüßt er. „Hat deine Frau noch was zu essen im Haus?"

„Grüß dich, Adalbrecht. Die solltest du jetzt nicht stören", sagt Herr Wurm. „Unsere Kleine schläft."

„Du lässt glatt deinen Bruder verhungern", stöhnt der andere. Er lässt sich auf einen Hocker fallen, zieht irgendein Buch aus dem Regal und beginnt zu schmökern.

„Ist leider nichts für meine Mutter dabei", sagt Benni.

Samuel greift seinen Arm, dann gehen sie hinaus.

Vor der Tür macht Benni die Klettverschlüsse seiner Sandalen auf und wieder zu, greift dabei so unauffällig wie möglich nach dem Zigarettenstummel, steckt ihn ein, legt seine Hand auf Samuels Schulter und schiebt ihn zum Tandem.

Aufgeregt und mit zitternden Knien fahren sie los.

„Ich glaub's nicht! Der Bücher-Wurm!", keucht Benni. Immer wieder schaut er zurück, ob sie womöglich verfolgt werden, obwohl er weiß, dass das keinen Sinn macht. Noch als sie bei Samuel ankommen, klopft ihnen das Herz bis zum Hals.

„Mal sehen, was auf der Kippe steht." Benni greift in seine Tasche.

„Lass raten", sagt Samuel. „*Purmall.*"

„100 Punkte! Bei 1000 gibt's einen gebrauchten Staubsauger."

„Dann haben wir es vermutlich nicht mit einem, sondern mit zwei Tätern zu tun", folgert Samuel.

„Voll krass!" Benni schüttelt den Kopf. „Ich kann mir gar nicht vorstellen, dass der Bücher-Wurm ein Dieb ist. Der Typ ist immer total nett."

„Denk an den Friseur aus dem Hörspiel", erinnert Samuel ihn.

Jetzt haben sie den Ermittlungsergebnissen der Kellerschnüffler noch einiges hinzuzufügen. Gemeinsam schreiben sie:

- *Tatorte liegen in Mehrfamilienhäusern mit Treppenhaus und Gemeinschaftskeller*
- *Kellertüren werden aufgebrochen*
- *Haustüren werden NICHT aufgebrochen. Wie geht das???*
- *Hauptverdächtige: Friedebert Wurm und sein Bruder Adalbrecht*

Als sie sich am nächsten Morgen am See treffen, ist es dort noch ziemlich leer. Die Kellerschnüffler können sich auf ihrer Lieblingswiese ausbreiten.

„Wir haben eine spannende Neuigkeit", verkündet Samuel.

„Echt?" Charly ist neugierig. „Schieß los!"

Aber Benni will die anderen auf die Folter spannen. „Erst mal ins Wasser. Wer kommt mit?"

„Okay, aber lass mich nicht absaufen", sagt Samuel.

Auch Michael, Karo und Charly stehen auf und schlüpfen aus Shirt und Hose.

„Was ist mit dir?", fragt Benni und knufft Tom an die Schulter.

„Kein' Bock", murmelt Tom mit einem Gesicht wie zehn Tage Mathetest plus Schulhofputzen.

„Ich bleib bei Tom", sagt Moritz.

Das Wasser ist noch ein wenig trüb, durch den heftigen Regen vor ein paar Tagen. Deshalb sieht Benni nicht viel mit seiner Taucherbrille. Außer den Beinen von Samuel, die er kurz mal mit einem kräftigen Ruck vom Boden zieht. Ein „Platsch", ein Schrei, gluck, gluck, Samuel ist weg. Benni kurz darauf, denn Samuel lässt sich nichts gefallen. Bald ist eine wilde Rauferei im Gange. Zum Glück ist Wasser ziemlich weich. Aber nass. Und das ist vor allem dann unangenehm, wenn man zu viel davon schluckt.

„Frieden!", fordert Benni hustend.

Als Benni mit Samuel im Schlepptau aus dem Wasser kommt, sieht er, wie Moritz Toms Rücken streichelt. Tom hat seine Beine angezogen, der Kopf liegt auf den Knien, der Rücken macht hin und wieder merkwürdig zuckende Bewegungen.

„Tom heult", wispert Benni Samuel erstaunt zu.

Der große, starke Tom heult. Niemand sagt etwas. Keiner macht einen dummen Witz. Stumm sitzen sie da und warten.

„Mein Schwager", kommt es schließlich dumpf zwischen Toms Knien hervor. Dann zieht er die Nase hoch, wischt sich mit dem Arm über die Augen und erzählt. „Gestern ist meine Schwester mit ihrem Macker zu 'nem Geburtstag gegangen. Ich war mal wieder Babysitter bei Lilly. Mir ist gleich der Geruch aufgefallen, der in der Luft lag."

Karo reicht ihm ein Taschentuch.

Tom putzt sich die Nase und erzählt weiter: „Ich war dann auf dem Balkon. Da war ein Aschenbecher."

„*Purmall*", rät Samuel. Und ahnt, dass Tom nickt.

„Dann bin ich ins Badezimmer."

„*Gentlemen fresh*", rät Charly.

Tom nickt wieder. „Ich weiß ja, dass die nicht viel Geld haben. Aber dass meine Schwester mit einem Dieb …" Weiter kommt er nicht. Wieder lässt er den Kopf auf die Knie fallen. Wieder zuckt sein Rücken.

„Alter, jetzt mach mal halblang", sagt Benni. „Es ist doch gar nicht gesagt, dass er es war. Da gibt's nämlich noch andere Verdächtige."

Und dann berichtet er zusammen mit Samuel von ihrem Erlebnis im Buchladen. Je länger sie erzählen, desto höher wandert Toms Kopf.

„Der Bücher-Wurm?" Karo kann es gar nicht glauben.

„Puh!", stöhnt Charly. „Zuerst haben wir keine Verdächtigen und jetzt mehr, als uns lieb sind."

Tom putzt sich noch einmal die Nase, atmet tief durch, rennt in den See, schwimmt bis zum anderen Ufer und wieder zurück. Als er wieder aus dem Wasser kommt, sieht er aus wie der alte Tom, nur pitschnass.

Dann überlegen sie, was zu tun ist. Tausend Einfälle haben sie, 999 davon sind nicht zu gebrauchen. Endlich haben sie eine richtig gute Idee. Ganz eng sitzen die sieben Kinder im Kreis zusammen, tuscheln leise, damit niemand sie hören kann. Eins ist sicher: Es wird noch mächtig aufregend.

13. Kapitel
Trick ohne Film

Samuel ist schon kurz vor dem nächsten Treffen auf dem Spielplatz. Die Schaukel ist frei, das weiß er, weil sie immer ein bisschen quietscht, wenn jemand darauf sitzt. Jetzt quietscht nichts. Mit seinem Stock sucht er den Weg, pendelt damit am Boden hin und her. Aha, da muss der Sandkasten sein. Er geht außen herum. Dann die Wiese mit der Wippe. Klonk! Sein Langstock trifft auf eine kräftige Stange: das Gerüst der Schaukel. Er tastet nach der Kette, dann nach dem Sitz, setzt sich drauf, klappt seinen Stock zusammen und holt Schwung, immer mehr, immer höher. Die Luft pfeift ihm um die Ohren, es ist ein bisschen wie fliegen. Zum Schaukeln braucht man keine Augen, da hüpft das Glück im Bauch, man spürt es im ganzen Körper, wird leicht und fühlt sich frei.

Jemand kommt auf den Spielplatz. Es sind keine kleinen Kindertrippelschritte, vermutlich ein Kellerschnüffler. Das Quietschen der Schaukel und der Wind in den Ohren machen es Samuel schwer, die Person zu erkennen. Er bremst ab, lauscht. Die Schritte sind ein bisschen schwerfällig, leicht schlurfend. Stoff reibt beim Gehen aneinander. „Michael?", fragt Samuel.

„Woher weißt du das?", antwortet eine verwunderte Stimme.

Samuel grinst. „Ich sag doch, man kann nicht nur mit den Augen sehen. Ich hab dich am Schritt erkannt."

„Cool!" Michael setzt sich auf die zweite Schaukel. Die Aufhängung knarrt. Nach einer kurzen Pause sagt er leise: „Wir waren fies zu dir."

„Kann man sagen", antwortet Samuel. „Aber jetzt sind wir Freunde, oder?"

„Klar, Kumpel." Michael hat das Gefühl, ein kleiner Knoten in seinem Herz habe sich gelöst. Lächelnd nimmt er Samuels rote Schirmmütze ab und klopft leicht auf dessen Kopf. „Außerdem weiß ich inzwischen: Du hast noch eine Menge außer Stroh unter der Kappe."

„Stimmt." Samuel grinst. „Dunkelblonde Haare, zwei Ohren, eine Nase und einen Mund. Alles, was man braucht."

Michael dreht den Kopf, Samuel kann es am Atem hören. „Wer kommt jetzt?", fragt Michael, um Samuels Gehör zu testen.

Samuel horcht. Leichtes Quietschen einer Bremse, etwas klickt wie ein Schloss. Dann: schneller Gang, klackernde Schuhe, hören sich an wie die eines Mädchens. Nun weht auch noch ein schwacher Duft nach Maiglöckchen zu ihm herüber. Das ist einfach. „Karo. Und sie hat heute ein anderes Fahrrad dabei."

Das mit dem Rad ist allerdings nicht schwer zu erraten, denn es gehört zu ihrem Plan.

Sobald alle da sind, wird noch einmal alles genau durchgesprochen. „Okay, los zum *Bücher-Wurm*", gibt Tom schließlich das Kommando.

Vorsichtig steigt Karo auf das blitzende Fahrrad. „Hoffentlich kriegt es keinen Kratzer ab", stöhnt sie. „Marie würde mich umbringen." Die Klassenkameradin hat ihr tolles neues Vehikel nur schweren Herzens für ein paar Stunden hergegeben. Immerhin hat Karo ihr dafür alle Folgen der *Twilight*-Saga auf DVD ausgeliehen.

Vor der Buchhandlung halten sie an. Alle außer Karo parken die Räder im Fahrradständer. Moritz hält die Tür auf, die Kellerschnüffler schieben sich in den Laden. Das Klingeln holt den Buchhändler aus seiner Wohnung. Etwas verwundert schaut er auf die große Kindergruppe.

„Hallo, Herr Wurm", sagt Karo. „Ich wollte mal fragen, ob ich ausnahmsweise mein Fahrrad mit reinnehmen darf. Es ist noch nagelneu und war sehr teuer und wir gehen morgen früh auf Fahrradtour."

„Na ja, wenn's keinen Dreck macht", sagt Herr Wurm. „Dann stell's mal neben der Tür ab."

„Ich wollte mir noch was zum Lesen mitnehmen", sagt Karo. „Etwas Spannendes, aber nicht zu schwer. Und vielleicht mit Liebe drin."

„Blöde Knutschbücher", murmelt Charly.

Herr Wurm zeigt Karo das Regal mit den Mädchentaschenbüchern.

„Wann fahrt ihr denn los?", fragt Moritz.

„Schon morgen früh um sieben, weil es da noch nicht so heiß ist", sagt Karo. „Mein Papa will um sechs aufstehen und noch mal nach den Rädern schauen."

„Zwei Wochen Fahrradtour. Echt cool", schwärmt Benni und stöbert in den Krimis. „Wie weit fahrt ihr denn?"

„Insgesamt über tausend Kilometer", sagt Karo.

„Puh, das wär mir zu anstrengend", stöhnt Michael. Schon bei dem Gedanken wird ihm warm und er wischt sich über die Stirn.

Gerade als Karo zahlt, wird der Vorhang zur Wohnung leicht zur Seite geschoben. Samuel erkennt den Geruch nach *Purmall* sofort, es muss Herrn Wurms Bruder Adalbrecht sein.

„Viel Spaß bei der Fahrradtour, Karoline", wünscht Herr Wurm.

Moritz hält wieder die Tür auf, alle strömen aus dem Laden und Herr Wurm schaut ihnen lange hinterher.

„Habt ihr seinen Bruder gesehen?", fragt Samuel, als sie wieder auf dem Spielplatz sind.

„Nö, wo soll der gewesen sein?", wundert sich Michael.

„Hinter dem Vorhang", sagt Samuel. „Ich hab ihn gehört und gerochen."

„Manchmal siehst du mehr als wir", stellt Moritz anerkennend fest. Leider sieht Samuel nicht, wie Michael nickt und Tom mit dem Daumen nach oben zeigt.

„Ist echt gut gelaufen", findet Benni. „Falls es die Würmer waren, müssen sie nur noch anbeißen."

Den zweiten Akt des Schauspiels gibt es am Nachmittag. Toms Schwester Steffi ist mit ihrem Mann Matze und Minimonster Lilly am Blinkersee. Schon gestern haben sie ausgemacht, dass Tom mitkommt. Dann kann er mal auf die Kleine aufpassen, wenn Steffi und Matze ins Wasser gehen. Sie haben sich schon ein bisschen gewundert, dass er sich freiwillig angeboten hat, und beinahe hätte Steffi sich kurzentschlossen zum Einkaufen abgesetzt, aber das konnte Tom ihr noch ausreden.

Michael steht hinter einer Hecke Wache. Obwohl er recht gut versteckt ist, kann Tom ihn sehen. Der Zeitpunkt ist günstig: Steffi streift Lilly die Schwimmflügelchen über und geht mit ihr ins Wasser, Matze zündet sich eine Zigarette an. *Purmall*. Inzwischen erkennt auch Tom den Geruch. Er macht Hasenohren über seinem Kopf, das vereinbarte Signal.

Karos Handy klingelt. Das ist Michael, er gibt den Einsatzbefehl an sie weiter. Es geht los.

Karo schiebt das Fahrrad über die Wiese, Charly geht neben ihr. Als wäre es reiner Zufall, entdecken sie ihren Kumpel. „Hey, Tom, wusste gar nicht, dass du heute auch hier bist", flötet Karo.

„Heißes Gefährt. Neu?", fragt Tom.

„Ja, war echt teuer", antwortet Karo.

Matze zieht an seiner Zigarette und betrachtet den blitzenden Drahtesel.

Da kommt Benni dazu. „Hi! Gibt's hier ein Treffen, von dem ich nichts weiß? Boah, Karo, cooles Bike!"

„Ja, 21 Gänge", erzählt Karo begeistert. „Extra für die Fahrradtour. Wir fahren morgen früh um sieben los, für zwei Wochen. Über tausend Kilometer!" Sie verdreht die Augen. „Das heißt: schon um sechs aufstehen."

„Na, dann viel Spaß", wünscht Tom.

Da fällt Benni noch was ein: „Ich hab 'nen Tacho übrig, den kann ich dir ausleihen. Du wohnst in der Eisenstraße, oder?"

„Ja, Nummer fünf", sagt Karo. „Ein Tacho wäre cool!"

„Bring ich gleich nachher vorbei", sagt Benni und hebt zum Abschied kurz die Hand.

Ein kleiner Junge hat einen Wasserball dabei. Lilly möchte ihn haben. Der Junge will ihn aber nicht hergeben. Da geht die Sirene los. Die Leute am See zucken zusammen, manche schauen sich um, wo es brennt.

„Ich geh dann mal", sagt Tom zu Matze. „Mir ist gerade eingefallen: Ich muss noch mein Zimmer aufräumen." Er klemmt sein Liegetuch unter den Arm und düst los.

Matze schüttelt verwundert den Kopf und sagt: „Ich dachte, du …" Aber da ist Tom schon weg.

Eine Viertelstunde später sind die Kellerschnüffler wieder auf dem Spielplatz versammelt. „Das war hammermäßig. Du solltest Schauspielerin werden", sagt Benni zu Karo.

„Will ich vielleicht", gibt Karo lächelnd zu. „Oder Sängerin."

„Pff! Weiberkram", motzt Charly leise.

Alle sind noch ganz aufgeregt wegen der gelungenen Aktion. Nur Tom ist auffallend ruhig und lässt die Schultern hängen.

„Also, Treffpunkt um acht beim Gartenhaus", sagt Benni.

Der Opa von Charly und Moritz hat erlaubt, dass die beiden mit ihren Freunden eine Nacht in seiner Gartenlaube verbringen. Auch für ihre Mutter ist das in Ordnung. Jetzt müssen nur noch die Eltern der anderen mitspielen.

Bei Tom gibt es kein Problem. Karo sagt, sie würde bei Charly übernachten. Stimmt ja irgendwie auch. Bennis Mutter ruft kurz bei Moritz' Mutter an und gibt dann ihr Okay. Michaels Großeltern sind schon ein härterer Brocken, aber nach langer Diskussion geben sie klein bei – und ihrem Enkel ein großes Futterpaket und eine riesige Flasche Limo mit, damit er nachts in der Wildnis des Schrebergartens nicht verhungert.

Samuels Mutter macht sich am meisten Sorgen. „Geht das denn? Und wenn du nicht mehr weißt, wo du bist? Und wenn du auf die Toilette musst? Und wenn …" Sie hätte wohl noch stundenlang „Und-wenns" finden können. Aber Samuel hat ihr klargemacht, dass er lernen muss, auf eigenen Füßen zu stehen, und dass er jede Menge Freunde hat, die ihm helfen können.

Vollbepackt mit Matten und Schlafsäcken trudeln die Kellerschnüffler beim Schrebergarten ein. Es muss noch eine Menge besprochen werden. Dabei wird Michaels Fresspaket vernichtet.

„Leute, wir sollten noch ein bisschen schlafen", sagt Karo um halb zehn. „Sonst halten wir das nie im Leben durch."

„Okay. Bis Mitternacht", sagt Tom.

Ungewaschen und mit ungeputzten Zähnen, dafür mit einer XXL-Packung Aufregung schlüpfen sie in ihre Schlafsäcke. Nach einer halben Stunde hört man tiefes Atmen, ab und zu ein Schmatzen und auch ein paar Schnarcher in dem kleinen Gartenhaus.

14. Kapitel
Dunkel war's, kein Mond schien helle

Nach viel zu wenig Schlaf schrillt eine Klingel. Dann ertönt ein Hit aus den Charts. Und gleich noch das Krähen eines Hahns mit der Mitteilung, dass es null Uhr ist. Drei Handys, die zum Aufstehen drängen.

Charly schaltet schlaftrunken ihre Taschenlampe ein und legt sie auf den Tisch.

„Ich will nicht aufstehen", quengelt Karo.

„Ohne dich geht's aber nicht", stellt Benni klar. Er gähnt mit so weit aufgerissenem Mund, dass man ihm bei besserem Licht vermutlich bis in den Magen schauen könnte.

Moritz ist fast nicht wachzukriegen. „Dann bleibst du eben allein hier", sagt Charly.

„Hicks! Bin schon auf", antwortet Moritz erschrocken und reibt sich die Augen, die sich gar nicht öffnen wollen.

„Ich hab 'nen Geschmack im Maul, als hätte ich 'ne tote Ratte gefressen", jammert Tom.

Benni reicht ihm einen Kaugummi. „Tote Ratten mögen kein Pfefferminz", meint er.

Müde schlurfen die sechs Kinder hinter Charly drein, die mit ihrer Taschenlampe den Weg durch die Schrebergärten weist. In der Wohnsiedlung schaltet sie das Licht wieder aus. Die Straßenlaternen kommen ihnen heute richtig hell vor.

Beinahe landet Samuel auf der Nase, weil der müde Benni vergisst, ihn um ein tiefes Loch im Gehweg zu lotsen. Und auch Moritz kommt ins Straucheln, weil er mit geschlossenen Augen an der Hand seiner Schwester schlafwandelt.

„Psst!", macht Karo, als sie in der Eisenstraße ankommen. Sie geht voraus zur Haustür. Als sie aufschließen will, gibt es eine Überraschung. „Ist schon offen", flüstert sie den anderen zu.

Tom schaut auf den Boden. „Ein Stein. Deshalb ist die Tür nicht zugefallen." Er will ihn in den Garten werfen.

„Stopp!", ruft Benni im Flüsterton. „Rate mal, warum der Stein da ist."

Tom schlägt sich mit der Hand an die Stirn. „Logo!" Dann legt er das Steinchen wieder am Türrahmen auf den Boden. „Der Dieb hat vorgesorgt."

Charly schaltet die Taschenlampe wieder ein. Kaum hörbar schleichen die Schnüffler in den Keller. Karo hat am Nachmittag den Kellerschlüssel vom Haken stibitzt. Sie schließt auf und lässt ihre Freunde in den dunklen Raum. Als alle drin sind, macht sie die Tür zu.

„Boah! Das ist ja stockfinster hier!", stöhnt Tom leise.

„So wie immer", murmelt Samuel.

„Mach das Licht an!", zischt Michael.

„Aber nur kurz", mahnt Benni. „Wenn der Dieb den Lichtschein sieht, könnte ihn das warnen."

„Wir müssen uns Verstecke suchen", sagt Charly. „Er soll uns ja nicht gleich sehen."

„Noch besser wäre es, wir würden die Birne rausdrehen", überlegt Benni. „Dann kann er nur mit 'ner Taschenfunzel rumleuchten und sieht uns nicht gleich."

Tom nickt. „Du hast recht, Mann. Sucht euch vorher ein Versteck."

Sieben Kinder in einem ziemlich kleinen Keller unsichtbar zu machen, ist nicht einfach. Aber nach wenigen Minuten haben alle einen Platz gefunden. Charly und Moritz schlüpfen unter eine Decke neben dem Weinregal, die anderen verstecken sich hinter einem wurmzerfressenen Schrank, einer Kartoffelkiste, einem stinkenden Moped und einem alten Hollandrad. Maries Drahtesel ist längst wieder bei der Besitzerin, das wird der Dieb hier vergeblich suchen.

Tom findet ein altes Tischchen. Er steigt hinauf, kommt aber nicht bis ans Kellerlicht. Also noch den zerkratzten Hocker obendrauf. Die Angelegenheit ist recht wacklig, aber es gelingt ihm, die Birne rauszudrehen. Und dann haut's ihn doch vom Hocker. Vor Schreck. „Autsch! Verdammt, ist das dunkel!", flucht er lauter als geplant.

Oje! Hoffentlich hat niemand im Haus das Poltern und Schimpfen gehört!

Es ist pechschwarz. Nicht das winzigste bisschen Licht findet in den Keller hinein. Im Haus bleibt alles still. Nur Tom stöhnt leise.

„Hast du dir wehgetan?", fragt Samuel im Flüsterton und tastet sich zu Tom vor.

„Nee, geht schon. Nur das Knie geschrammt. Charly, mach endlich deine Funzel wieder an!"

Sechs Kinder sind erleichtert, als der Schein der Taschenlampe den Augen wenigstens wieder ein bisschen Halt bietet. Charly und Benni räumen Tisch und Hocker weg. Leise wird getuschelt und besprochen, wie sie genau vorgehen wollen.

Wenige Minuten später hören sie ein Geräusch. „Licht aus!", zischt Tom.

Jemand steigt die Stufen zum Keller hinunter. Ein Klappern. Irgendwer macht sich am Schloss zu schaffen. Dann wird die Tür geöffnet. „Wieder mal nicht abgeschlossen", murrt jemand und will das Kellerlicht anschalten. „Verflixt, auch noch das Licht kaputt." Im schwachen Schein der Treppenhausbeleuchtung tastet sich der Mann direkt auf Charly und Moritz zu. Fast ohne zu atmen, verharren die beiden stocksteif unter ihrer Decke. Glas klirrt leise. Sieben Herzen wummern wie ein Trommelsolo. Schritte Richtung Ausgang. Gerade als ein „Hicks" von Moritz ertönt, wird die Tür geschlossen.

Der Mann steigt die Stufen nach oben. Erst als seine Schritte nicht mehr zu hören sind, wagen die Kellerschnüffler wieder zu atmen. Charly schaltet die Taschenlampe ein.

„Puh!", stöhnt Karo. „Was muss der Breimeier auch mitten in der Nacht noch Wein aus dem Keller holen?"

„Hicks! Er hat abgeschlossen", jammert Moritz.

„Macht doch nix", sagt Karo. „Schau, ich hab hier den Schlüss…"

Pling!, fällt er ihr aus der noch immer zitternden Hand. „Ach du dickes Ei", jammert sie flüsternd. „Genau in den Abfluss!"

„Nee, oder?" Benni kriecht hinter dem Fahrrad hervor und versucht, das Gitter aus dem Boden zu wuchten. „Verdammt, das Ding sitzt fest, kann man nicht aufmachen."

„Oh Mann, kannst du nicht besser aufpassen?", motzt Tom. „Was, wenn ewig keiner kommt?" Auch er kann den Metalldeckel nicht bewegen.

„Dann ruf ich eben jemanden an", sagt Karo und zieht ihr Smartphone aus der Tasche. Eigentlich könnte sie auch kurz mal nachschauen, ob es eine Nachricht von Devin gibt. „Oh nein! Kein Signal!"

Michael kontrolliert sein Handy. „Stimmt", murrt er. „Die Wände sind wahrscheinlich zu dick." Er überlegt. „Was, wenn uns tagelang keiner hier findet? Dann müssen wir verhungern."

„Quatsch. Du hockst hinter einer riesigen Kiste Kartoffeln", sagt Benni.

„Die kann man aber roh nicht essen. Sind giftig." Michael weiß das genau, er hat es als Kind mal ausprobiert und danach war ihm überhaupt nicht gut.

„Zu trinken ist auf jeden Fall genug da. Ein ganzes Weinregal voll", stellt Tom grinsend fest.

Eine halbe Stunde später grinst Tom nicht mehr. Die Beine sind ihm eingeschlafen, weil er schon so lange hinter dem Moped kauert. Den anderen geht es nicht besser. Da von draußen kein Geräusch zu hören ist, strecken sie vorsichtig ihre Glieder.

Noch eine Stunde später sind ihre Beine nahezu taub. Außerdem werden die Augen schwer, ihnen ist kalt und das Licht der Taschenlampe wird immer schwächer. Schließlich ist es ganz aus.

„Hicks! Es ist ganz dunkel!", stellt Moritz fest.

„Schnellmerker", grummelt Tom.

„Wie spät ist es eigentlich?", kommt es hinter der Kartoffelkiste hervor.

„Es ist zwei Uhr und 55 Minuten", ist eine mechanische Frauenstimme aus der Ecke hinter dem Hollandrad zu vernehmen.

Plötzlich ein Schuss.

„Hilfe!" – „Huch!" – „Aaah! Was war das? Hicks!"

„Meine Kaugummiblase", brummt Benni.

„Oh Mann, lass den Blödsinn!", stöhnt es dumpf hinter der Kartoffelkiste.

„Sag mal, Samuel, ist das nicht schrecklich, wenn es immer so dunkel ist?", fragt Karo. Zum einen, weil es sie interessiert, zum anderen, weil reden die Angst vertreibt.

„Na ja, vor allem am Anfang war es schlimm. Ich hatte ständig Albträume. Und dann hat meine Mutter sich so wahnsinnige Sorgen gemacht und mich von vorne bis hinten betüddelt, als wenn man mir das Gehirn amputiert hätte. Aber mit der Zeit lernt man eine Menge kennen, was man als Guckie viel zu wenig beachtet. Wie sich etwas anfühlt, wie es riecht, wie sich ein Haus anhört oder ein Baum oder ein Müllcontainer, wenn man daran vorbeigeht. Trotzdem werde ich nie alles können so wie ihr und brauche oft Hilfe. Aber dafür kann ich einiges, was ihr nicht so gut könnt."

„Stimmt", sagt Moritz leise. „Trotzdem will ich sehen können."

„Also, mir ist es zu dunkel", sagt Michael und schaltet sein Handy ein. Karo tut es ihm gleich, ihr Smartphone schickt einen mickrigen Lichtstrahl hinter dem Schrank hervor. Gruselig sieht der Keller aus in der schwachen Beleuchtung, richtig gespenstisch.

Eine halbe Stunde später ist aus Karos Handy nichts mehr rauszuholen.

Die Zeit vergeht im Zeitlupentempo. „Es ist drei Uhr und 47 Minuten", sagt Samuels Uhr, als auch noch Michaels Licht erlischt.

„Hicks! Ich hab Angst." – „Hat einer ein Streichholz?" – „Ich will Licht!" – „Mir ist kalt." – „Ich hab keine Beine mehr." – „Ich will in mein Bett." – „Ich hab Hunger." – „Hicks! Ich will heim."

Sechs Herzen klopfen wie wild. Die undurchdringliche Schwärze hat sechs der Kinder fest im Griff. Sie nimmt ihnen den Atem, erschwert das Schlucken, zwingt sie dazu, die Augen aufzureißen und verzweifelt nach einem Pünktchen Licht zu suchen. Aber es ist nichts zu entdecken.

Irgendwann fallen die Augen zu. Das ist wie eine Erlösung. Obwohl man selbst mit geschlossenen Augen die Schwärze noch sehen kann. Aber die Lider sind wie eine schützende Decke, nehmen der erdrückenden Dunkelheit etwas von ihrer Macht.

Mit der Zeit werden die Stimmen weniger, wird das Atmen tiefer. Karo gähnt. „Ich kann mich nicht mehr wach halten." Die anderen sind auch schon halb im Dämmerzustand, Moritz ist trotz seiner Angst komplett eingeschlafen.

Sieben verängstigte, todmüde oder sogar schlafende Kinder mit tauben Beinen wollen einen Dieb fangen. Ob das gut geht?

15. Kapitel
Gefahr auf leisen Sohlen

„Aufwachen! Es geht los!" Samuel hat das Geräusch an der Haustür gehört. Kaum merklich, aber seinen geschulten Ohren ist es nicht entgangen. Obwohl Samuel nur geflüstert hat, sind auf einen Schlag alle hellwach.

Ein schwacher Lichtstrahl fällt durch das Schlüsselloch in die Schwärze des Kellers. Sechs Kinder starren mit weit aufgerissenen Augen auf diesen Punkt. Es wird ernst. Und ihr Mut ist auf einmal noch viel tiefer im Boden versunken als der Kellerschlüssel.

Schritte auf leisen Sohlen, kaum hörbar. Etwas lauter das Krachen an der Tür. Das Schloss wird aufgebrochen. Donnernder Lärm von sieben Herzen.

Die Tür schiebt sich auf. Das grelle Licht einer Taschenlampe blendet die Augen. Zwei Schatten treten beinahe lautlos in den Keller.

Alle Kinder können es riechen: *Purmall*. Und Rasierwasser mit dem leichten Geruch nach Zitrone. *Gentlemen fresh*.

Der grelle Strahl wandert durch den Keller. Er leuchtet zur Kartoffelkiste. Michael bleibt die Spucke weg.

Er erhellt den alten Schrank. Karo spricht in Gedanken ein Stoßgebet.

Er strahlt zu der Wolldecke. Charly und Moritz hocken reglos darunter.

Er wandert zum Moped. Tom macht sich so klein wie möglich.

„Verdammt, wo ist nur das Fahrrad?", zischt die Stimme von Herrn Wurms Bruder Adalbrecht durch das Gemäuer.

„Vielleicht sollten wir wieder gehen. Mir ist nicht wohl dabei", flüstert Friedebert Wurm unsicher.

„Mein lieber Bruder, du brauchst die Knete genauso wie ich", motzt Adalbrecht leise und lässt weiter das Lichtbündel der Taschenlampe in jede Ritze des Kellers leuchten.

Die Kellerschnüffler halten die Luft an. Hoffentlich hören die Einbrecher nicht das ohrenbetäubende Wummern ihrer Herzen.

Auf einmal leuchtet Adalbrecht zu Karos Fahrrad. „Verflucht, was ist das?", keucht er. „Mach mal Licht."

Entdeckt! Benni würde sich am liebsten in Luft auflösen.

Man hört, wie Friedebert an der Wand tastet, einen Schalter betätigt, aber nichts passiert. „Kaputt", wispert er.

„Verflixt!", flucht Adalbrecht. Langsam geht er auf das Fahrrad zu. „Ich glaub, dahinter sitzt jemand!"

Benni kann den Geruch von *Purmall* deutlich wahrnehmen. Und zwar erschreckend nah. Viel zu nah! Er drückt sich nach hinten, aber es geht nicht weiter. Autoreifen und eine Wand. Kein Loch, um darin zu verschwinden.

Moritz hält die Luft an, schluckt dreimal trocken und löst in Gedanken eine Matheaufgabe. Es nützt nichts. „Hicks!", hallt es durch den Keller.

„Mann, da ist noch einer!" Diesmal flüstert Adalbrecht nicht mehr. „Nimm mal die Lampe", sagt er zu seinem

Bruder. Er scheint etwas zu suchen. Und auf einmal hat er es in der Hand, etwas Riesiges, vielleicht einen Knüppel oder eine Eisenstange, der Schatten ist enorm. Er hebt die bedrohliche Schlagwaffe nach oben und steuert die Decke an, unter der sich Charly und Moritz verbergen. „Du schnappst dir den hinter dem Fahrrad, ich den unter der Decke", raunt er seinem Bruder zu. Gerade will er zuschlagen.

Tom ist starr vor Schreck. Aber er muss handeln. Sofort. Er hat das Kommando, so ist es ausgemacht. Er holt tief Luft. Dann brüllt er: „Los!"

Die beiden Männer zucken zusammen. Benni und Samuel stoßen das Fahrrad um. Es scheppert. „Autsch! Verflucht!", ächzt Friedebert Wurm zwischen Sitz und Lenker.

Charly reißt die Decke vom Kopf und wirft sie schwungvoll über den verdutzten Adalbrecht. Doch schneller als sie ihre eingeschlafenen Beine wecken kann, hat der sich befreit. Er springt auf und holt mit der Schlagstange aus. Blitzschnell rollt Charly sich zur Seite. Kracks!, kracht der riesige Knüppel auf den Boden, wenige Millimeter neben Charlys rechtem Ohr. Das war knapp!

Adalbrecht ist wütend. Erneut holt er aus. Bong! Bong! Ein Kanonenhagel von Kartoffeln knallt auf Adalbrechts Kopf und Rücken. Michael hat sich damit bewaffnet. Er pfeffert die erdigen Kugeln mit voller Wucht.

Adalbrecht will sich in Sicherheit bringen. Zack!, verpasst Charly ihm einen hammermäßigen Kinnhaken. Benommen taumelt er hin und her. Dabei reißt er Friedebert um, der sich eben erst vom Fahrrad befreit hat. Wusch!, fliegt die Taschenlampe unter den Schrank.

„Mist! Jetzt ist auch noch das Licht weg", motzt Adalbrecht. „Mann, ist das dunkel."

Diesen Moment nutzt Samuel. Keiner sieht etwas. Aber er kann Adalbrecht riechen und hören. Blitzschnell greift er hinter sich, schnappt sich einen Autoreifen und stülpt ihn über Adalbrechts Kopf und Schultern. Das Geschrei des Mannes beweist Samuel: Er hat den Richtigen gefangen.

Moritz kriecht unter den Schrank und richtet den Strahl der Taschenlampe auf die zwei Männer.

Da sieht Benni, wie Adalbrecht sich befreien will. Mit einem Seil und Toms Hilfe stürzt er sich auf den Einbrecher.

Die Mädchen halten den Bücher-Wurm Friedebert in Schach. Gemeinsam werfen Karo und Charly die Wolldecke über ihn. Er wehrt sich mit Händen und Füßen, kann seinen Kopf befreien. Da nimmt Moritz kurzerhand den nächstbesten Eimer, den er finden kann, öffnet den Plastikdeckel und leert den Inhalt über Friedebert aus.

Für einen Moment ist er außer Gefecht gesetzt. „Ich pass auf ihn auf", sagt Charly zu ihrer Freundin. „Schließ schnell die Haustür ab, damit die Verbrecher nicht entwischen können."

Samuel hat sich längst aus dem Keller ins Treppenhaus getastet, um telefonieren zu können. Dort wird er beinahe von Moritz und Karo umgerannt.

Karo schaltet das Treppenhauslicht ein und sperrt die Haustür zu.

„Hilfe! Einbrecher!", gellt Moritz' Stimme durchs ganze Haus.

Eine furchterregende Gestalt in leuchtendem Pink torkelt die Treppe hinauf und stürzt sich auf die Haustür.

„Pech", höhnt Karo. „Abgeschlossen."

„Mpf", macht das pinkfarbene Ungeheuer und lässt sich verzweifelt auf den Boden fallen.

Jetzt kommt Leben in die oberen Stockwerke. „Was ist los?", hört man die verschlafene Stimme von Herrn Breimeier.

Kurz darauf Karos Vater: „Was ist passiert? Soll ich die Polizei rufen?"

„Ist schon unterwegs!", ruft Samuel ihm zu.

Dann kommen sie herunter, in Bademänteln und Hausschlappen: Herr Breimeier, die Studentin vom Dachgeschoss und Karos Eltern, Herr und Frau Müller. Die alte Mieterin vom zweiten Stock schaut lieber nur vom Treppengeländer aus nach unten. Und Karos Bruder Patrick verpasst den Live-Krimi, weil er auf einer Party ist.

„Um Himmels willen, was macht ihr denn da?!", ruft Frau Müller entsetzt, als sie ihre Tochter und einige ihrer Freunde entdeckt. „Und wer ist dieses stinkende, pinkfarbene Irgendwas?"

„Das ist Herr Wurm", erklärt Karo. „Er und sein Bruder sind die Fahrraddiebe."

„Der Bücher-Wurm? Ein Dieb?", fragt die Studentin entsetzt. „Das hätte ich nie von ihm gedacht."

„Was sollte ich denn machen?", stöhnt Herr Wurm. „Die Geschäfte laufen immer schlechter, viele lesen nicht mehr oder kaufen im Internet ein. Und jetzt hab ich doch meine kleine Tochter, die ich versorgen muss …"

„Deshalb stiehlt man trotzdem nicht!", schimpft die alte Frau vom zweiten Stock herunter.

„Und was habt ihr damit zu tun?", wendet sich Herr Müller streng an die Kinder.

„Wir haben die Diebe gefangen", sagt Moritz, als wäre es das Normalste der Welt.

„Du meine Güte! Was hätte da alles passieren können!", jammert Frau Müller. Schniefend nimmt sie ihre Tochter in den Arm. „Mach so etwas nie wieder!"

Adalbrecht Wurm ist inzwischen so gut verschnürt wie ein Päckchen. Benni hält den Hocker auf dem Tisch fest, als Tom die Birne wieder einschraubt.

Der Keller sieht verheerend aus. Kartoffeln und ein zersplitterter Besen liegen in einer Lache aus leuchtendem Pink. Es sieht aus wie nach einer Schlacht. Die Kellerschnüffler haben sie erfolgreich geschlagen.

Nach einigen Minuten kommen zwei Polizisten. „Uns ist ein Einbruch gemeldet worden", sagt der größere der beiden. „Ist etwas gestohlen worden?"

„Nein, das haben wir verhindert", sagt Samuel nicht ohne Stolz.

In Kurzform berichten die Kinder, wie sie den Einbrechern auf die Schliche gekommen sind, sie dann ausgetrickst und schließlich zur Strecke gebracht haben.

„Habt ihr schon mal gehört, dass es Aufgabe der Polizei ist, Verbrecher zu fangen?", fragt der kleinere Polizist.

„Es hätte böse ausgehen können", sagt der größere streng.

Da fängt Frau Müller schon wieder an zu schluchzen.

Herr Wurm braucht eine ganze Rolle Küchentücher, um sich die Wandfarbe halbwegs vom Kopf zu wischen. Dann muss er noch seine Kleidung ausziehen und in Unterwäsche in den Polizeiwagen steigen, damit die Sitze nicht versaut werden. Weil sein Gesicht immer noch ziemlich pink ist, sieht man nicht, wie es rot anläuft.

Sein Bruder darf die Kleidung anbehalten – bis auf die Schuhe. Damit ist er nämlich voll in die Farbe getreten. Auf dem Weg zum Polizeiauto übersieht er eine Distel. „Autsch!", hallt sein Schrei durch die Nacht. Kurz darauf hört man schallendes Gelächter von sieben Kindern.

Karo stellt kichernd fest: „Die Strafe folgt ihm auf den Fuß."

Und Samuel reimt: „Ein Kellerschnüffler-Abschiedsgruß."

Schon drei Tage ist es her, dass die Kellerschnüffler die Fahrraddiebe geschnappt haben. Noch immer spricht der ganze Stadtteil davon. Sogar die Zeitung hat darüber berichtet.

Der Bücher-Wurm kriegt wahrscheinlich nur eine Strafe auf Bewährung, muss also wohl nicht ins Gefängnis, weil er bisher nichts angestellt hat. Bei seinem Bruder sieht es nicht ganz so gut aus, der ist schon wegen ein paar kleineren Dievereien vorbestraft.

Die Räder sind noch nicht versteigert worden und inzwischen wieder bei ihren Besitzern. Diese waren dann auch recht freigiebig. Justin jobbt im Kino als Kartenabreißer. Er hat zehn Freikarten organisiert, dafür muss er eben ein paar Extrastunden arbeiten.

„Aber Samuel kann nicht mit ins Kino", gab Michael zu bedenken.

„Wieso nicht?", fragte Samuel daraufhin verwundert. „Ich kann doch Filme hören. Und wenn ich was nicht kapiere, dann erklärt ihr es mir."

Noras Mutter hat zehn Eisgutscheine spendiert. Immer zehn, obwohl sie doch nur sieben Kinder sind. Irgendwie blöd.

Tom hat ein neues altes Fahrrad. Der Vater von Malte hat ihnen 50 Euro gegeben und gefragt: „Wisst ihr, wer ein gebrauchtes Mountainbike brauchen kann?"

„Was soll es denn kosten?", wollte Benni wissen.

„80 Euro."

„Tom braucht ein Rad. Aber wir haben von ihnen ja nur 50 Euro gekriegt", meinte Moritz.

Da hat Maltes Vater gelacht und gesagt, den tollen Detektiven würde er es für 50 geben. Und alle Kellerschnüffler waren einverstanden, dass ihr Anführer das Rad bekommt. Ein blaues Mountainbike mit 18 Gängen, nur ein paar Jahre alt. Tom bekam ganz heiße Ohren vor Verlegenheit und Freude.

Wie gewohnt ist heute Versammlung der Kellerschnüffler auf dem Spielplatz. Bis alle da sind, übt Moritz mit Samuel auf dem Tandem. Damit Benni auch mal wieder mit seinem eigenen Bike fahren kann. Den blinden Freund zu führen klappt bei Moritz auch schon ganz gut. So können er und Benni sich abwechseln.

Michael kommt mit Bittermiene angeschlappt. „Schon wieder was geklaut", murrt er. „Mein Handy ist weg."

„Was? Ein Handydieb?", wundern sich die anderen.

„Ein neuer Fall", meint Benni.

Drei Jungen radeln auf sie zu: Devin mit seinen Freunden Tuna und Idris. Tuna hält etwas in die Höhe. „Hey, hat das jemand von euch verloren? Hab ich gestern Abend hier gefunden."

„Mein Handy!", ruft Michael. „Ist mir wohl aus der Tasche gerutscht." Verlegen steckt er es ein. Er muss daran denken, dass er die Türkenjungs mal als Diebe verdächtigt hat. „Danke", murmelt er.

„Kein Problem, Alter", sagt Tuna und klopft Michael auf die Schulter.

„Was machen wir jetzt?", fragt Karo und schielt zu Devin.

„Wie wär's mit Fahrradrennen?", schlägt Benni vor.

Damit sind alle einverstanden. Auch Devin und seine Freunde sind dabei. An der Linde soll es losgehen, Ziel sind die beiden Kastanien.

Samuel gibt das Startsignal. „Los!", hallt es über die Rennbahn. Reifen quietschen. Staub wirbelt auf. Neun Rennmaschinen rasen los.

Benni mit Samuel und Tom sind Sieger, Charly und Idris teilen sich den zweiten Platz.

Erschöpft lassen sich alle auf die Wiese fallen.

„Du bist verdammt schnell", sagt Idris zu Charly und schenkt ihr lächelnd ein Gänseblümchen.

Da bekommt Charly einen roten Kopf. Und weiß nicht einmal so recht warum.

Michael schaut sich um. Denkt nach. Und zählt. Die Türkenjungs üben gerade Fahrradkunststücke. „Sagt mal, wie wär's, wenn wir die zehn Gutscheine mit den dreien teilen würden?", fragt er die Kellerschnüffler.

„Gute Idee", sagt Karo und strahlt Richtung Devin.

„Okay, von mir aus", antwortet Charly, schielt zu Idris und bekommt schon wieder eine rote Birne.

Benni und Samuel üben Tröten mit Grashalmen. „Jetzt sind die Ferien schon zur Hälfte vorbei", grummelt Benni. „Ich hab ein bisschen Schiss. Nach den Ferien komm ich in eine neue Schule."

„Ich auch", seufzt Samuel. Sein Gesicht sieht traurig und ängstlich aus. „Einerseits freu ich mich, aber – da wird alles anders, viel schwerer. Und ich kenne keinen. Außerdem werde ich dann wieder ständig blöd angemacht."

„Und ich komm aufs Schiller-Gymnasium", sagt Benni, ebenfalls mit Grabesstimme. „Da hab ich wahrscheinlich auch keinen Freund in der Klasse."

Da fängt Samuel an zu strahlen, heller als die Sommersonne. „Du kommst aufs Schiller-Gymnasium? Juhuu!" Er wirft den Kopf nach oben und lacht den Himmel an, obwohl er ihn nicht sehen kann. „Ich auch", sagt Samuel mit so viel Freude, dass sogar Benni davon kribbelig wird. „Dann sind wir wahrscheinlich in derselben Klasse."

„Cool! Hammer!" Benni reißt begeistert die Arme in die Luft. „Ich helf dir dann immer", verspricht er. „Und meine Augen schauen für dich mit."

„Das ist gut! Übrigens: Mein Krimihörspiel ist fertig", verrät Samuel.

„Stark! Darf ich es hören?", fragt Benni.

„Klar", antwortet Samuel.

Benni verpasst Samuel einen leichten Boxhieb an die Brust. Der nimmt Benni in den Schwitzkasten. Im Spaßkampf rollen die beiden über die Wiese. So wie es Jungen tun, die beste Freunde sind.

Leseprobe aus:

Sigrid Zeevaert,
Weiberkram?

Schulausgabe erschienen im
Hase und Igel Verlag, München
ISBN 978-3-86760-127-6
Begleitmaterial für Lehrkräfte
ISBN 978-3-86760-427-7

Jasper seufzt. Es ist Nachmittag, er geht durch die Straßen und fühlt sich irgendwie fremd. Alles ist so schwierig und was er mit Anna-Lenas Einladung machen soll, weiß er auch nicht. Er kann doch nicht tagelang einfach so tun, als hätte er sie überhaupt nicht bekommen. Selbst wenn Pille und Jan ihre Witze darüber machen, muss er sich doch wenigstens dafür bedanken oder Anna-Lena sagen, dass er nicht kommen will. Dabei ist so eine Weiberparty vielleicht gar nicht so schlimm? Jasper hat ehrlich gesagt ja auch nicht vor, sein zukünftiges Leben immer nur mit Jungen zu verbringen.

Vor dem Schaufenster eines Juwelierladens bleibt Jasper stehen. Die Ringe mit den Diamanten gefallen ihm gut, aber wahrscheinlich sind sie nicht gerade billig. Schade, denn sonst hätte er einfach mal einen kaufen, ihn sich als Geschenk einpacken lassen und mit auf Anna-Lenas Geburtstagsparty nehmen können. Obwohl … Jasper schluckt. Noch lieber hätte er ihn woanders hingebracht. Wenn er sich nur endlich trauen würde!

Mit den Händen in den Hosentaschen geht Jasper weiter, geht einfach die Straße hinunter, irgendwohin. Ben würde es vielleicht genauso versuchen wie er. Ben ist jedenfalls nicht immer nur darauf bedacht, so zu tun, als seien ihm die Weiber egal. Obwohl er immer noch traurig ist wegen seiner Mutter, kann er nicht genug bekommen von Lina, in die er verknallt ist, auch wenn sie älter ist und einen Freund hat, der Tilman heißt und sie abholt und vor seinen Augen sogar küsst.

An einer Ampel bleibt Jasper stehen, wartet, bis sie auf Grün springt, geht weiter. In der Südstraße wohnt Bele, denkt er. Südstraße wie Nordstraße, Hausnummer 10. Jasper kennt den kürzesten Weg. Und als er an einem Stand mit silbernen Anstecknadeln vorbeikommt, sucht er kurz entschlossen ein Flusspferd aus, kauft es, weil es am nettesten guckt. Dann geht er weiter, noch um zwei Ecken herum. Sein Herz schlägt ihm bis zum Hals und seine Knie sind weich. Jasper sucht nach dem richtigen Klingelknopf. Soll er es wirklich wagen?

Sein Finger ist schneller als sein Kopf. Durch das halb offene Fenster der Parterrewohnung hört er das Klingeln, dann tut sich einen Augenblick nichts. Vielleicht, denkt er, sollte er weglaufen, so schnell er kann, und außerdem fällt ihm wahrscheinlich sowieso kein einziges Wort ein …

Der Türöffner summt. Jasper betritt das Treppenhaus, das kühl ist, und dann steht Bele plötzlich vor ihm, lacht nicht und ruft auch nicht nach ihrer Mutter, sondern steht einfach nur da und sagt: „Du?"

Jasper nickt. Er schnappt nach Luft und sieht, dass Bele rot geworden ist und wahrscheinlich ist er es auch, aber irgendwie macht es ihm nichts.

Bele nimmt ihn bei der Hand, zieht ihn hinter sich her in die Wohnung und er lässt es geschehen. „Meine Mutter ist nicht da", sagt sie, „und meine Oma auch nicht."

Jasper sieht sich um. Ihm fallen die vielen Bücher auf, die überall herumliegen, Berge von alten Zeitungen, ein Computer, der in der Ecke steht, riesige Pflanzen, die bis unter die Decke reichen, und dann die Kerze, die brennt.

„Sie wird gerade operiert", erklärt Bele, die anscheinend gemerkt hat, wo Jaspers Blick hängen geblieben ist. „Wir stellen immer eine Kerze auf, damit alles klappt."

Jasper sieht Bele an. „Deine Mutter?", fragt er, obwohl er eigentlich längst weiß, dass sie gemeint ist.

Bele zuckt mit den Achseln. „Meine Oma muss gleich wieder hier sein", sagt sie, seufzt und fährt dann fort: „Wenn du willst, zeige ich dir mein Zimmer."

Jasper will. Er folgt Bele durch den langen Flur, guckt sich alles genau an.

Dann kommt Beles Oma mit Kuchen und sie sitzen zu dritt da, trinken Saft und als Jasper mal muss, geht Bele mit ihm bis zur Tür und sagt: „Beeil dich! Dann kannst du gleich auf den Kran."

Jasper erledigt, was sich kaum noch aufhalten lässt, und staunt nicht schlecht, als Bele ihm schließlich den Hebekran zeigt, mit dessen Hilfe ihre Mutter in die Badewanne gehievt werden kann.

Jasper zögert, traut sich nicht Platz zu nehmen darin, aber Bele macht es ihm vor und sie wechseln sich ab, lassen sich hoch und wieder runter, sind irgendwann Seeleute in Not, die auf einer kleinen Bohrinsel stehen und nur über einen Hubschrauber, der ein Seil zu ihnen hinunterlässt, überhaupt in Sicherheit gebracht werden können. Bele schwitzt und lacht und Jasper ist schließlich der Hubschrauberpilot, der sein Leben einsetzt für sie. Dann endlich sind sie gerettet.